淡海《おうみ》文庫 68

サンライズ出版

振角 卓哉 著

蒲生氏郷伝説

はじめに

今から約四六〇年前、近江守護六角氏の被官であり、近江国蒲生郡の南端にあたる日野を本拠とする蒲生氏の子として生まれ、織田信長の娘婿となった武将が居た。信長亡き後は豊臣秀吉に従い、松坂、会津と移り、最晩年には九二万石の太守となりながら四十歳という若さで亡くなった武将、「蒲生氏郷」である。

ところが、その事跡がわかる一次資料として確認されているものは、福島県立博物館編『氏郷とその時代―蒲生氏郷基礎資料集成』や日野町史編さん委員会『近江日野の歴史』第二巻 中世編などであきらかとなっている発給文書で、要検証のものを含めても、わずか百数点である。しかもその六割は会津時代のもので、資料点数は少なく、またまとまった形で残されていない。

一方、近世以降の資料には氏郷の伝説や逸話が多いのも特徴であり、その内容は、武将としての戦場での立ち振る舞いや、諸将や家臣との交流など多岐にわたる。特に家臣との日常的なやり取りに関する逸話の多さは、氏郷への畏敬の念から生まれたものと考えられる。無論、すべてが史実とは考えられないが、そうした逸話や伝説が何に基づくかを紐解くことにより、氏郷の実像に迫ることができるのではないかと考えた。

そこで、まずは氏郷の生涯について、可能な限り同時代の史料を中心に概要をまとめ、その事跡を確認することから始め、次に個別の事柄の検証を行うこととした。なお、事跡の中で、後世の軍記物等も使用するが、あくまで参考としていただきたい。また、読みやすさを優先させるため、文中での原文紹介は基本的に避け、史料で重要なものについては、抜粋部分を後ろに掲載した。興味に応じて確認いただければ幸いである。

二〇二一年二月

振角卓哉

蒲生氏郷主要関係位置図

目次

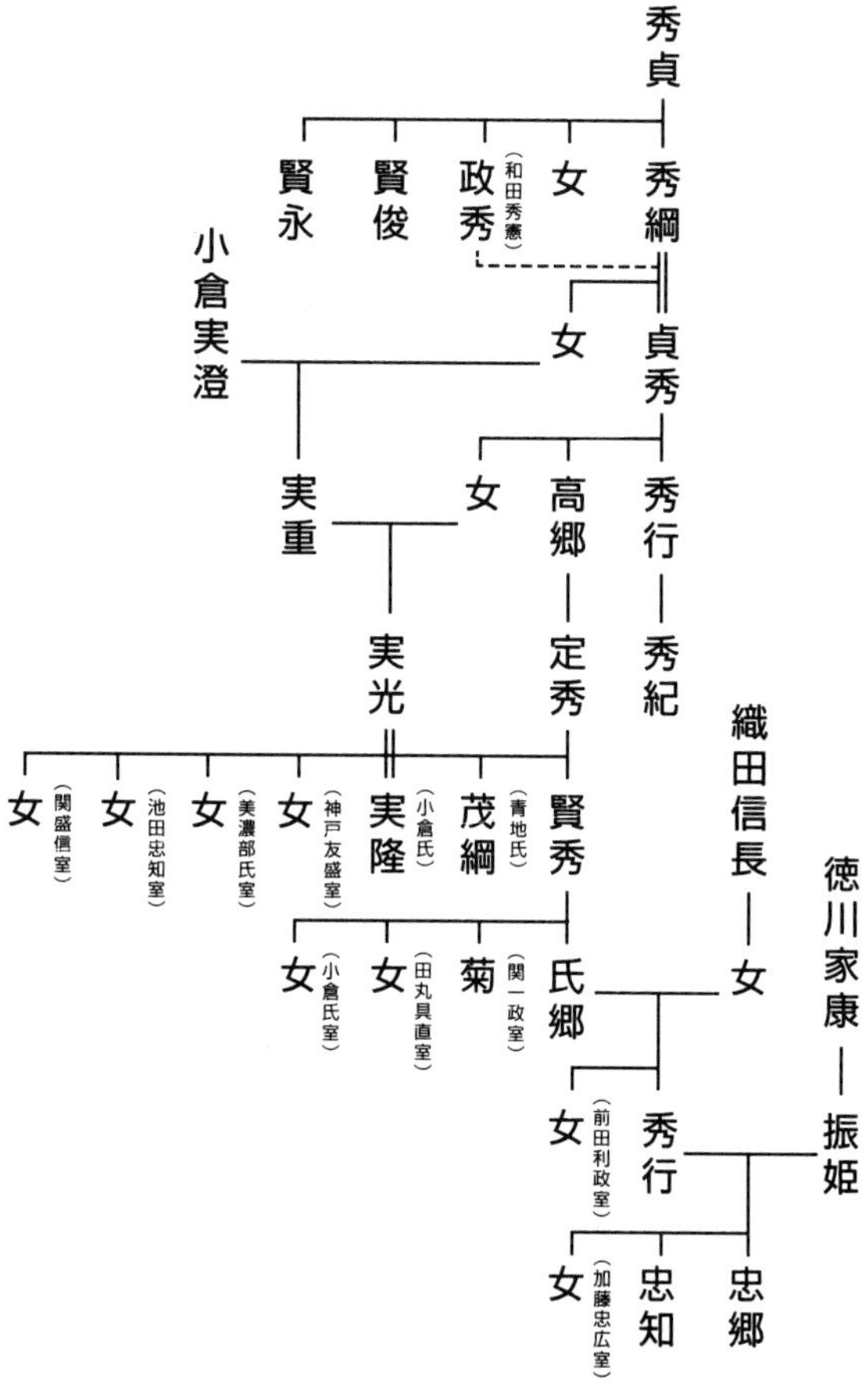

蒲生氏略系図　諸書による。20戦は養子相続を指す

第一章　氏郷通史

蒲生氏郷の系譜

蒲生《がもう》氏は、平将門の乱を鎮圧した藤原秀郷《ひでさと》の末裔が鎌倉初期、蒲生郡日野（滋賀県日野町）に移住したことに始まると伝わる。しかし実際は、藤原摂関家が支配する法成寺《ほうじょうじ》領「日野牧」などの荘園の管理を任された者が、土豪として成長した可能性が高い。蒲生氏の特徴としては、公式には「藤原」を名乗ることと、幕府直属の家臣ではない（非御家人）ことが挙げられる。

鎌倉時代初め、大江広元の書状に「近江国住人蒲生五郎俊光」とあるのが、蒲生という姓の初出である。俊光は蒲生惟賢《これかた》の五男で、勧学院領儀峨《ぎが》荘の下司《げし》敷《しき》（荘園の実務職員）で、

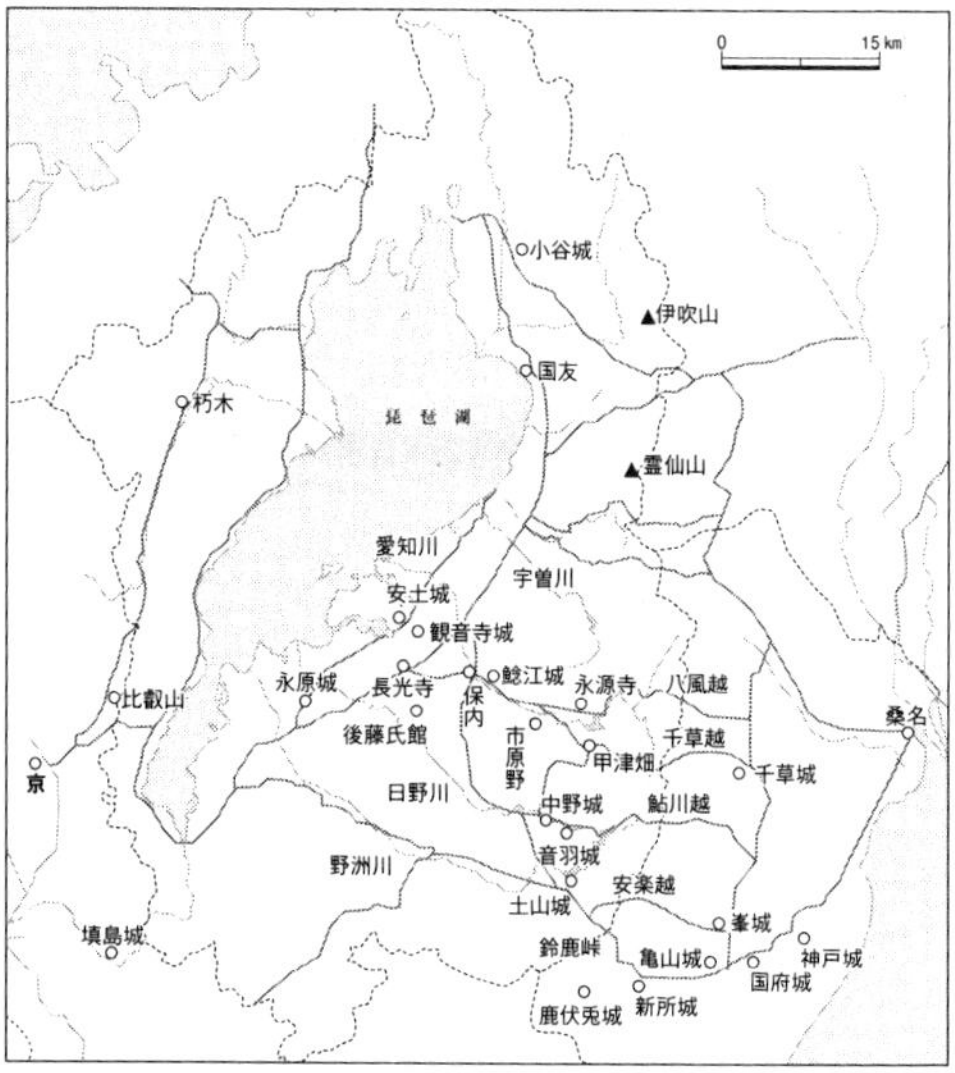

近江・北伊勢周辺関係位置図

蒲生氏の庶流儀峨氏の祖でもある。南北朝時代に入るまでは、摂関家との関係を重要視しており、一族である儀俄氏が中心となって活動していた。当初、儀俄氏の本拠は、現在の日野町南西部にあたる迫谷《はさまだに》一帯であったが、のちに甲賀郡嶬峨（甲賀市）へ勢力を拡大したと考えられ、いわゆる甲賀武士としても名を残している。

続く南北朝時代（一三三六〜一三九二）になると、摂関家の衰退とともに幕府と近江守護六角家の両者との関係を強めたが、しだいに幕府との関係強化に特化していった。これに合わせて、蒲生一族内でも変化が起こり、幕府に接近した蒲生秀貞が、儀俄氏に代わって台頭した。そして、その子秀綱の代に、幕府方との結びつきは強いものとなり、その養子として甲賀の和田家から迎えられた貞秀（出家後は「智閑《ちかん》」と号す）に引き継がれ、戦国時代を迎えることとなった。

　蒲生貞秀は、蒲生氏中興の祖とも言われる武将で、康正元年（一四五五）、急死した秀綱の跡継として、甲賀の和田家から入った。貞秀は、幕府との関係強化をさらに進め、なかでも幕府の重鎮である伊勢氏との関係は密であった。

　こうした事から、応仁・文明の乱（一四六七〜一四七七）において、幕府が支持する東軍（総大将細川勝元、京極家他が属す）の武将として、西軍（総大将山名宗全）に属した六角家と近江国内の各地で合戦を繰り広げた。なお、蒲生氏の本拠とされる音羽城《おとわじょう》（日野町）は、この頃築城されたと考えられている。

　応仁・文明の乱の後、将軍による二度にわたる大規模な近江侵攻を受けた六角家であったが、その後幕府との関係改善が行われ、近江守護としての権力を取り戻していった。すると、貞秀は幕府との関係を続けるだけでなく、幕府の弱体化に対して六角家との関係を築く動きに出始めた。

　このように幕府と六角氏を両天秤にかけた蒲生

蒲生貞秀像（信楽院蔵）

音羽城跡全景

氏の生き残り策であったが、永正十年（一五一三）に嫡男の秀行が病死し、翌永正十一年（一五一四）三月には貞秀が相次いで死去したことで、混乱の火種になっていったのである。

とは言え、八年後の大永二年（一五二二）六月十一日には、貞秀の孫「秀紀《ひでのり》」が「兵衛尉《ひょうえのじょう》」の官職に任じられている（『御湯殿上日記』）。これは、将軍足利義輝から天皇に対し奏上されたものであり、祖父貞秀、父秀行が任じられたものと同じ官職である。つまり、幕府から正式に蒲生氏の惣領として認められたことを意味していた。

ところが、そうした状況にもかかわらず、その直後の七月二十日、突如、守護六角定頼の兵が音羽城に来襲したのである。その理由は記録に残されていないが、一説には、秀紀は父や祖父と同様に、幕府奉公衆的な立場（幕府直属の家臣のような立場）を取ったのに対して、貞秀の次男高郷は、六角氏との関係を重視する立場を取ろうとした事から、六角定頼に出陣要請をしたと言われている。

合戦は、七月二十日に始まり、六角勢二万が攻め寄せた。すると、秀紀は投石で応戦し、約八百人を討ち取る勝利を得たという（『経尋記』）〔史料1〕。しかし、初戦で勝利したものの、その後八カ月にわたり籠城することとなった結果、翌年三月八日に秀紀は降参した。

この間、近江各地では、六角勢と秀紀に味方する軍勢による合戦（後詰合戦）が行われたのであった（『宗長手記』）。

合戦中の音羽城の様子やその後の処置については『経尋記』〔史料2〕に詳しく書かれている。それによると、六角定頼は音羽城を名城と惜しみながらも、「惣国に城郭停止《ちょうじ》すべき」として破却していることがわかる。当時、近江には六角氏の家臣の城館が複数存在していることから、この「城郭」が具体的にどのような城を指すのかは不明だが、少なくとも、丘陵上に築かれた音羽城は六角氏の命令で壊されることとなった。そしてこれは、これまで確認された守護による破城（城の破壊行為）の記録として、国内最古のものとなっている。

蒲生高郷像（摂取院蔵）

ここで問題となるのは、守護とはいえ六角定頼が、土豪の本拠地を取り壊す権限を持っていたのかということである。意見は分かれるところだが、この時期の定頼は、重臣であった伊庭氏の反乱を鎮圧している。さらに湖北を支配する京極家の家督争いによる混乱に乗じて、京極氏やその有力な家臣である浅井氏を屈服させるなど、戦国時代の六角氏の歴史の中でも最大の勢力を持っていたのである。よって、音羽城の破城を行うことは不可能ではなかったと考えられる。

なお、六角定頼との戦いに敗れた秀紀は、鎌掛城《かいがけじょう》（日野町鎌掛）に移ったとされるが、その時点では、蒲生家の家督が秀紀から高郷に譲られた様子はうかがえない。秀紀は、この数年後に高郷の刺客により毒を盛られ、その後自ら堀に身を投げたと伝えられる（『氏郷記』）。よって、その時点で高郷が名実ともに蒲生家の惣領となったと考えられる。

ところが、高郷は苦心して手に入れた蒲生家惣領の地位を、大永七年（一五二七）に嫡男の定秀に譲ったとされる。そして、自身は内池（日野町）に建てた館に隠居し、同族と争ったことを悔い、念仏を唱える日々を送ったと伝わる（『専念山普光寺摂取院記』）。

高郷が四十九歳で波乱の人生を閉じたのは、そのわずか三年後、享禄三（一五三〇）年六月四日のことであった。

コラム

金剛定寺に伝わる蒲生氏ゆかりの仏像

日野町中山の古刹「金剛定寺《こんごうじょうじ》」は、江戸時代に徳川幕府の旗本となった関家ゆかりの寺院である。現在の本堂は、文化二年（一八〇五）に、八代目の関盛恭《せきもりさと》の寄進によって、本尊の十一面観音像をまつる「観音堂」として建立されたものである。堂内には重要文化財の聖観音立像や、不動明王像及び二童子像の他、多くの仏像が安置されている。

本尊「十一面観世音菩薩坐像」は、永正六年（一五〇九）の「金剛定寺本尊刻彫勧進帳」（金剛定寺文書）に、文亀三年（一五〇三）に戦火で焼失したために、永正六年から再興し、翌年に開眼供養したと記録される他、「四月堂十一面尊記」（金剛定寺文書）に、蒲生賢秀《かたひで》によって寄進されたとある。

一方、奥の脇壇上に安置される「木造大日如来坐像」は、前後の二材に脇材二材を寄せる構造となっていることが特徴で、本尊の十一面観音像と同じ構造である。また、この像内には、「大永五年八月吉日、中山寺本そん、三門大佛師ふちはらの長清法眼」という墨書があり、大永五年（一五二五）に、仏師藤原長清が中山寺（金剛定寺）の本尊として製作したものであることがわかる。

　これらのことから、この二躯の仏像は中世の復興に関わる仏像と考えられるが、寄進者については、制作年代等から「賢秀」ではなく、蒲生氏であれば氏郷の曽祖父に当たる「高郷」であったと考えられるのである。

　前述のとおり、晩年は念仏を唱える日々を送ったと伝わる高郷である。仏像の寄進は、結果的に甥の秀紀や高郷に異を唱えた家臣を殺めたことへの贖罪であったのだろうか。今となっては、この二躯の仏像だけが知ることなのかもしれない。

木造十一面観世音菩薩坐像（金剛定寺蔵）

木造大日如来坐像（金剛定寺蔵）

木造大日如来坐像像内墨書部分（金剛定寺蔵）

高郷の跡を継いだ蒲生定秀の名が記録に現れるのは、高郷の死の二カ月後、享禄三年（一五三〇）八月のことで、足利義晴に味方する六角勢の先鋒として、甲賀郡の三雲氏他とともに、坂本（大津市）に布陣している（『長享年後畿内兵乱記』）。

翌年四月には、坂田郡箕浦（米原市）で行われた六角定頼と浅井《あざい》亮政《すけまさ》の合戦において功績を立て、定頼から感状と太刀を拝領したものの、家臣も多数討死したことが記録されている。

蒲生定秀像（信楽院蔵）

さてその頃、京では足利将軍家やそれを補佐する細川氏が二派に分かれ争っており、政争に敗れた側が、六角氏を頼って度々近江へ避難している。前述したように、応仁の乱から半世紀にわたり幕府と敵対した六角氏であったが、その後の関係修復が進んだ結果、幕府を援護する立場・勢力になっていたのである。定秀は定頼の命により、庇護した一派が京に復帰する手助けを行うなど、京にもその活動範囲を広げていった。

　例えば、天文五年（一五三六）には、京を追われた足利義晴や細川晴元が、再度入京できるように、幕府を追い落として京を支配していた法華一揆への攻撃に参加している。

　さらに天文八年（一五三九）十月に、足利義晴の上洛要請を受けた際には、三雲氏とともに「蒲生五騎」が六角勢の先鋒として入京している。この際、六角勢は相国寺に二カ月間にわたり駐留しており、定秀はその間を利用して、相国寺の僧や幕府重臣の伊勢氏などと交流を重ね、人脈を広げていった。

　天文十年（一五四一）に起きた細川晴元の家臣木沢長政による反乱や、天文十八年（一五四九）の三好長慶との抗争の際には、将軍家や細川晴元が再び六角定頼を頼ったため、定秀も定頼に従って出陣したのであった。この時、天文三年（一五三四）に、定秀と馬淵氏の間に誕生した嫡男「賢秀」も六角勢の一員として、摂津国（大阪府北部）に向けて出陣しており、六角氏の家臣としての道を歩み

蒲生賢秀像（恵倫寺蔵）

だしたのであった。

さて、こうした例にも見られるように、六角氏は幕府を支えるために奔走する一方、自らの勢力拡大も行っており、天文九年（一五四〇）と弘治二年（一五五六）には、北伊勢地方（三重県北部）へ侵攻し、鈴鹿山脈を越える重要な交易・軍事ルートである千草（種）越、八風越の掌握を進めている。

また、本領である近江においても、南方へ勢力拡大をはかる浅井氏と、永禄二年（一五五九）に愛知郡野良田（彦根市）において激戦を交えるなど、多方面において政治的・軍事的対応を迫られることとなっていった。

この間、六角氏の年寄（家老）となった定秀は、六角氏が北伊勢地方に勢力を拡大するのにあわせ、日野の北部（桜谷）から愛知郡南部一帯を治めていた小倉氏に、三男「実隆《さねたか》」を養子として入れ、日野北部へ勢力を広げる布石を打っている。さらに、息女を北伊勢地方の有力者である関氏や神戸《かんべ》氏の正室とするなど、日野一帯から北伊勢地方におよぶ独自の勢力圏を作り上げ、蒲生氏の基盤を確かなものとして行った。

また、永禄五年（一五六二）に、六角氏が将軍不在の京を管理下に置いた際には、定秀ら二人の六角家臣の名で徳政令が出されおり、単なる武将としてだけではなく、行政官としての重い役割も担うようになっていた。

このように定秀は、六角家臣の中で確かな地位を築いていったが、その途上の永禄六年（一五六三）、六角義賢《よしかた》の子義弼《よしすけ》（義治）が、重臣の後藤親子を殺害した「観音寺騒動」が起きる。その際、進藤・池田・平井氏ら六角氏の重臣たちが一斉に離反した上、彼らに呼応した浅井氏が南下し、六角氏の居城観音寺城が焼失する事態となった。この時、義弼は観音寺城から日野へ逃亡し、定秀によって中野城と考えられる「日野蒲生館」に匿われている。

その後、定秀は六角氏と離反した重臣たちとの調停役をはたし、六角氏に対して後藤氏の遺児に本領安堵を認めさせるなどの処置によって、混乱を収束させることに成功した。

この件で六角家臣としての蒲生氏の地位はさらに上がったが、守護六角氏の権威自体は失墜し名目だけのものとなる一方、家臣である国人勢力の台頭が明白となった。

ただし、蒲生氏も順風満帆という訳にはいかず、永禄七年（一五六四）に、永源寺から桜谷一帯を舞台とした和南《わなみ》合戦により、小倉実隆が急死（討死と伝わる）するなど、定秀の思惑通りには行かず、日野の周辺地域は不安定な情勢となったのであった。

日野における蒲生氏郷

蒲生氏郷（以下「氏郷」に統一）は、弘治二（一五五六）年に、蒲生賢秀と後藤氏（後藤播磨守の息女）の間に誕生し、「鶴千代《つるちよ》」と名付けられたとされる（『氏郷記』）。

前述のとおり、当時は、祖父定秀が六角氏の年寄となっており、父賢秀も家臣として頭角を現していた時期にあたる。

氏郷が初めて記録に現れるのは、永禄十年（一五六七）二月下旬の事で、富士参詣途上の連歌師里村紹巴《じょうは》が、「蒲生氏の館」を訪れた時のことである。当時、紹巴は著名な連歌師として諸国の有力者に知られており、途中で彼らの接待を受けながら富士山を目指していた。

『紹巴富士見道記《じょうはふじみみちのき》』〔史料3〕には賢秀が、中世を代表する連歌師の宗祇《そうぎ》から、蒲生貞秀に伝授したとされる古今和歌集の秘伝書が収められた箱の話などをした他、氏郷が深夜まで酒席に同席し、酌をしつつ歌を詠んだことに感心した様子が記されている。

氏郷の四代前にあたる貞秀は、実際に宗祇とも親交があり、自身も五首の和歌が『新撰兎玖波集』に選ばれた文化人でもあった。氏郷は文武両道の将として伝えられるが、蒲生氏に流れる文化人としての素養が、氏郷にも受け継がれていたのであろう。

さて、六角家臣としての蒲生氏の歴史は、永禄十一年（一五六八）に足利義昭を奉じた織田信長の上洛により終焉を迎える。

八月、信長が近江に侵攻すると、六角氏は観音寺城から逃亡した（『信長公記』）。この際、後藤、長田、進藤、永原、池田、平井、九里氏ら七名の主だった六角家臣が信長に従ったが（『言継卿記』）、蒲生氏の名は無く、これよりのちに臣従したことがうかがえる。

その正確な時期や理由は不明だが、『氏郷記』や『勢州軍記』には、信長に抵抗するため日野に籠城することを決定したところ、賢秀の妹婿である神戸友盛の説得を受け、信長に恭順し、鶴千代は人質として岐阜城へ送られたとされる。

人質になっていた時期の氏郷の様子については『氏郷記』などにさまざまな逸話があるものの、当時の史料には確認できない。

しかしながら、宣教師のルイス・フロイスは『日本史』において、岐阜城の山上を訪れた際に、「（前略）城に上ると、最初の三つの広間には百名を超す若年の武士がいた。彼らの多くは各地の大名の貴人たちの息子で、見習いとして信長に仕えていた。（後略）」と記している。人質となっていたのが事実であれば、氏郷も岐阜城の山上部分で暮らしていたということになろう。

ところが、その生活も一年で終わりを迎えることになる。

永禄十二年(一五六九)五月、伊勢の北畠一族である木造《こつくり》具政《ともまさ》が、信長に寝返ったことから、信長は伊勢に侵攻するため、尾張(愛知県)・美濃(岐阜県)・遠江(静岡県西部)・近江・北伊勢から軍勢を召集し、八月二十日に自ら岐阜を発った(「益田家什書」)。総数十万(「朝山日乗書翰」)あるいは八万(『多聞院日記』)と言われる軍勢は、二十三日には木造(津市)に着陣した。続いて二十六日に木下秀吉が阿坂城(松阪市)を落とすと、滝川一益《かずます》の兵を入れて守備させている。信長は、この阿坂以外の近辺の城には目もくれず、北畠氏の本拠地である大河内城《おかわちじょう》(松阪市)に攻めかかり、二十八日に攻囲した(『信長公記』)。

大河内城は、周囲を川と深い谷に囲まれた標高一一〇m余りの丘陵上に築かれた城である。

この戦において、織田信包《のぶかね》や滝川一益とともに、蒲生賢秀をはじめ賢秀の弟の青地《あおぢ》駿河の他、後藤喜三郎、進藤山城、山岡美作など六角家旧臣が「南の山」に布陣している(『信長公記』)。

岐阜で元服し、「忠三郎賦秀《ますひで》」と名乗っていた氏郷は、実際にこの戦に参加していたかは史料に見えず不明であるが、『氏郷記』には、織田勢が大河内城を包囲していた際に、賢秀が北畠方の今徳城《こんどくじょう》（津市）を攻める中、護衛の武士二人が氏郷を見失い慌てていると、敵の首を取って帰ってきたというエピソードがあり、これを氏郷の初陣としている。

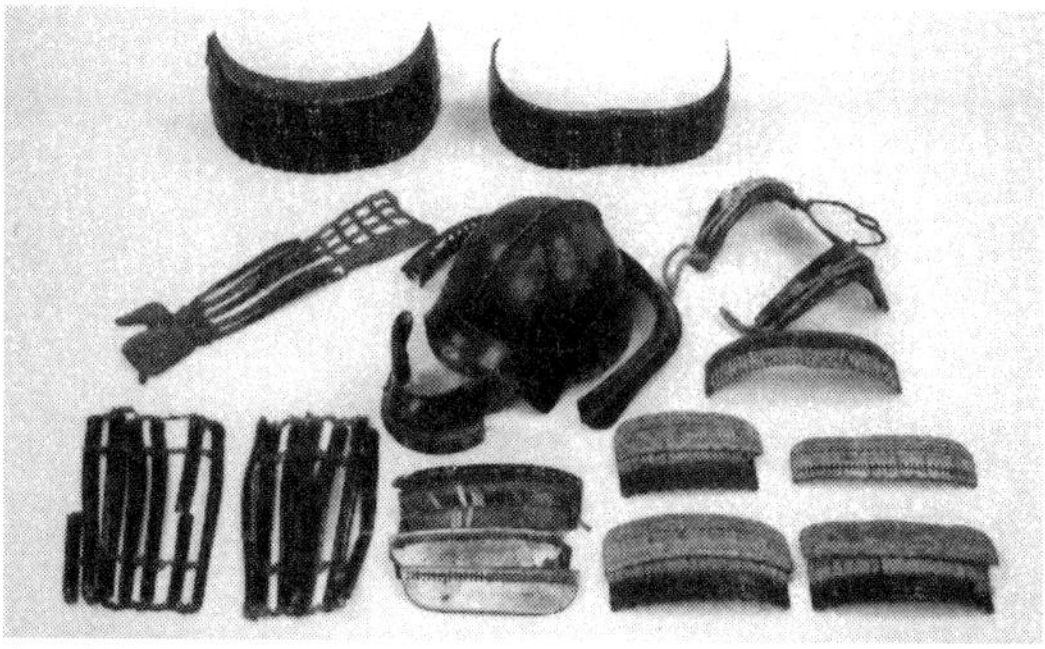
伝氏郷初陣着用具足（信楽院蔵）

さて、合戦は約一カ月後、信長の勝利で幕を閉じた。その結果、信長の次男「茶筅（信雄《のぶかつ》）」が北畠氏の養嗣子となり、信長による伊勢支配の一翼を担うようになったのである。その後信長は、十月五日に伊勢神宮を参拝したのち、馬廻（側近）だけを連れて千草越を通り京に上っており、その際、織田勢の各武将に帰国を許している（『信長公記』）。

よって、賢秀もこの時日野に帰国したと考えられるが、氏郷について『氏郷記』には、

「（前略）同年冬の比蒲生忠三郎氏郷は信長公兼御婿に契約し給ひければ、生年十二に成らせ給ふ姫君を給り、岐阜にて既に祝言有りて日野の城へぞ被遣ける。姫君の御

中野城跡全景

乳人には加藤次兵衛を相副られけり、云々」とある。

つまり、氏郷は、戦の後に岐阜に戻り、冬頃に信長の十二歳になる娘と岐阜で結婚し、そのあと日野へ帰国したということである。

一説に、信長が息女を氏郷に嫁がせた理由は、信長が氏郷の器量を愛でたためとされる。

確かにそういう側面もあり得るのだが、現実的には、近江と新たに支配下においた伊勢を結ぶ中継地にあたる「日野」の蒲生氏との関係強化を狙ったものと考えられる。

しかし、この強い絆の有無に関係なく、こののち蒲生氏は織田氏の一族・家臣として六角家臣時代とは規模や内容がまったく異なる戦に身を投じることになった。

コラム

謎の多い氏郷の正室

氏郷の正室については、当時のほとんどの女性の記録がそうであったように、名や経歴などに関する史資料は極めて少ない。

そうした中、ルイス・フロイスの『日本史』には、

「近江の国には、安土山の町が築かれていたところからあまり距たらぬ地に、高貴な身分の一武将がいた。彼は同国の三分の一ないし四分の一くらいを領しており、その血筋よく、裕福であったために信長は自らの娘を彼に嫁がせた」

と記される事から、氏郷の妻が、信長の息女であることは間違いないと思われる。

しかしながら、前述のように、永禄十二年の冬に岐阜で婚礼を挙げたことは『氏郷記』にもあるものの、妻の名についてはわかっていない。近年「冬姫」と誤解されるが、判明しているのは院号が「相応院」ということのみである。

事跡に関する記録も少ないが、天正十四年(一五八六)正月七日付『浅野文書』には、「ひだ女房」が、摂津の有馬温泉で湯治を行っていることが記されている。「ひだ」とは「飛騨守《ひだのかみ》」、

つまり氏郷を指していると考えられるのだが、ここでも妻の名は不明である。

その他数少ない資料の一つに、寛政年間に幕府が編修した大名や旗本の家譜集である『寛政重修諸家譜』がある。それによると、氏郷の嫡男秀隆(のちの秀行)と女子(前田利政室)の母と記される。晩年は、知恩寺(京都市)塔頭の瑞林院に入り歴代の菩提を弔い、寛永十八年(一六四一)五月九日に没した。戒名は「相応院殿月桂涼心英誉清薫大禅定尼姉」と伝わる。

なお、子の秀行は慶長十七年(一六一二)、孫の忠郷は寛永四年(一六二七)、忠郷の弟で跡を継いだ忠知《ただちか》は、会津から伊予松山二〇万石へ転封後、寛永十一年(一六三四)に三十一歳で死去していることから、蒲生氏の断絶を目の当たりにしていることがわかる。

コラム

越前手筒山城・金ヶ崎城遠景

『信長公記』によると、信長が、京から岐阜に帰国するのは十月十七日で、次の上洛は翌元亀元年（一五七〇）二月二十五日のことである。婚礼に関する当時の記録は確認されていないが、事実であれば信長にとっても心安らぐ一時であったに違いない。しかしそれは、「元亀争乱」とも言われる、信長の苦難の時代の前に訪れた、嵐の前の静けさの日々であった。

元亀元年四月二十日、信長は上洛命令を無視し続けた越前（福井県北部）の朝倉義景《よしかげ》を討つために出陣した。二十五日に敦賀（敦賀市）に着陣した信長は、天筒山《てづつやま》に築かれた「手筒山城」の攻撃を命じ、激戦ののち朝倉勢一三七〇余を討取り落城させた（『信長公記』）。蒲生親子がこの合戦に参加したかは不明だが、『氏郷記』には、賢秀が敵に倒されて危険な場面に氏郷が駆けつけ相手を倒した事や、家臣が手柄を立てたことにより、信長から褒められたとある。

翌日、信長は手筒山城の尾根続きにある金ヶ崎城も攻め落とし、越前に向け木ノ芽峠（南越前町・敦賀市）を越えようとしたところで、義弟である浅井長政が離反したとの報告を受けたのである。そこで信長は、越前攻めを中止して、急ぎ京に撤退する事態となった。

湖北（滋賀県の北東部）を支配する浅井氏の離反により、信長は東山道を通って岐阜へ帰国することが不可能となり、近江南東部の鈴鹿山脈を越えるルートしか選択の余地がなくなってしまった。

『信長公記』によると、五月六日の時点で、近江通過の警護役として、守山城（守山市）に稲葉伊予守（一鉄）親子ら三人と、斎藤内蔵介（利三）を入れて準備させている。この時、守山付近では浅井氏に呼応した一揆が蜂起していたが、稲葉一鉄がこれを撃退した。そこで信長は、五月九日に京を出立して、十二日には永原（野洲市）に到着している。

この間信長は、志賀の城・宇佐山拵《うさやまのこしらえ》（宇佐山城・大津市）の防備に森三左衛門（可成《よしなり》）、永原に佐久間右衛門（信盛）、長光寺（近江八幡市）に柴田修理亮（勝家）、安土城（信長築城以前の城を指す）に中川八郎右衛門（重政）に入れて近江の要所の守りを固めさせていた。

さらに、帰国ルートの確保をより完全なものとする意味があったのであろう、鈴鹿山脈を越える直前の五月十五日付で、蒲生左兵衛太夫（賢秀）と忠三郎（氏郷）親子宛に、千草越

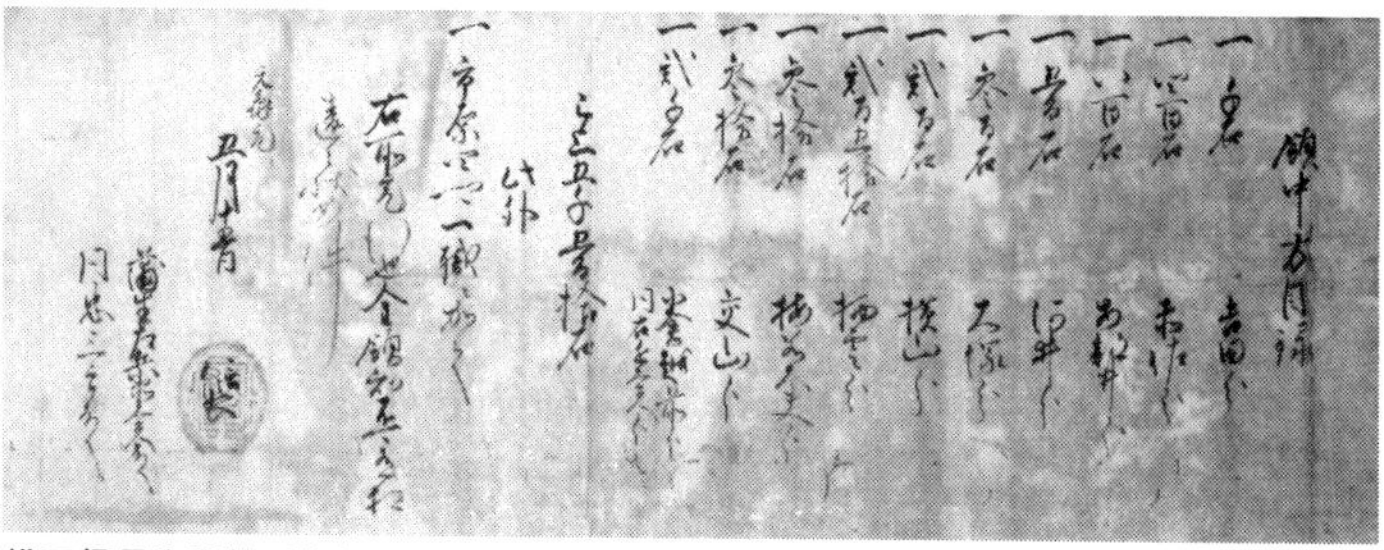

織田信長朱印状（美濃加茂市市民ミュージアム蔵）。当時、市原四郷は未だ一揆の支配する土地であった。

や八風越の沿線および日野町の北部一帯と考えられる所領五千五百石と市原（東近江市）四郷の支配権を与える朱印状を出している〔史料4〕。

実際、この布石は直後に効力を発揮することになる。

これに対し浅井長政は、五月十九日に鯰《なまず》江《え》城《じょう》（東近江市）に兵を入れ、さらに八風街道沿いの市原郷（東近江市）の一揆を扇動して、信長が京から岐阜へ帰国するルートを遮る動きを見せた。

この時、賢秀は布施藤九郎や（速水）勘六左衛門とともに千草越を行う信長を警護し、杉谷善住坊による狙撃をうけながらも美濃へ帰国させることに成功している。ここで重要なのは、布施氏が一揆が封鎖した市原野の西隣を領していることと、市原野の丘陵を挟んだ南隣の桜谷は、十五日付で蒲生親子に加増された地であるということである。さらに、市原野の東隣で日野から道が通じる甲津畑（東近江市）に所領を持つ速水氏が信長に従っていることも重要である。つまり、この三者が信長に従う（反逆しない）ことで、南からの迂回ルートを設定することが出来たのである。妹婿でさえ裏切ったばかりで、しかも一刻を争う情勢の中、裏切らなかった蒲生親子の存在は、信長を安堵させたことであろう。

こうした例に見られるように、元亀年間は上洛後の織田信長が最も苦境に立たされた時期であった。当時は、信長の近江支配は完全なものではなく、前述のとおり浅井氏が離反した上、将軍足利義昭との対立も深刻化し、甲斐の武田氏や中国の毛利氏も敵対するなど、四面楚歌とも言える非常に危険な時期であった。

しかし信長は、この難局を徐々に打開していく。

千草越で岐阜に帰国した二カ月後の六月二十八日、近江の姉川（長浜市）で朝倉・浅井連合軍二万一千余（「津田文書」）と兵二万八千が対峙し（『信長公記』）、十数時間におよぶ戦闘の末、かろうじて織田勢が勝利した。この時、浅井・朝倉方の死者は一千百余（『信長公記』）とも九千六百（『言継卿記』）とも言われる激戦であった。

この時の蒲生親子の動向は定かではないが、その後、賢秀と氏郷は、蒲生郡に配された信長の重臣柴田勝家の与力として、さらに多くの戦に参加し、信長の畿内平定に一役を担うこととなる。

天正元年（一五七三）四月十日、近江の支配を完全なものとするため、信長は六角義治（義弼）の籠る鯰江城に対し、賢秀、佐久間信盛、柴田勝家、丹羽長秀に対して、周辺に付城を築き攻撃するように命じた（『信長公記』）。

しかし、この前後には足利義昭が信長に対し挙兵しており、二度目の挙兵となる七月五日の際には宇治真木島城《まきのしまじょう》に籠城している。七月十六日、真木島城の攻撃を命じた信長は、宇治川の流れが激しく家臣が渡河をためらっていたところ、「渡河を引き延ばすなら信長自ら先陣を切る」と諸将を叱咤した。これにより奮起した織田勢は、二手に分かれ渡河を決行し攻撃を加えたのである。氏郷は、賢秀とともに五カ庄（宇治市）で宇治川を渡河（『信長公記』）して戦功を挙げ、信長から羽織を賜ったとされる（『氏郷記』）。

翌天正二年（一五七四）七月十三日には、元亀元年（一五七〇）より三年間にわたり行われてきた伊勢長島一向一揆との最後の戦いが始められた。『氏郷記』には、氏郷は柴田勝家の与力として、西の香鳥口（弥富町）から攻めたとある。その際、まず松ノ木渡城（長島町）を攻め落とし、続いて大鳥居城（桑名市）を攻め多くの敵兵を倒したとある。また、氏郷が討ち取った首を信長に捧げたところ、褒められるどころか「首を取るのは士卒のことだ」

とたしなめられたという（『勢州軍記』）。

この間、北伊勢地方では信長と蒲生氏の関わりの中で、注目すべき事態が起きていた。まずは元亀二年（一五七一）、信長は、神戸氏の養子であった信孝と不和となった神戸友盛を近江日野に幽閉した（『信長公記』）。また、天正元年（一五七三）には、同じく信孝への冷遇を理由に、関氏の惣領である関盛信も日野に幽閉したという（『氏郷記』）。

関氏とその一族である神戸氏は、いずれも蒲生氏の息女を正室としており、信長が、伊勢近隣で信用でき、さらに関氏と関わりがある蒲生氏の本拠日野を幽閉地に選んだことは、当然の事であろう。

しかしながら、関盛信が幽閉中であるはずの天正二年（一五七四）八月十七日には、織田軍の越前木ノ目城が一向一揆に攻められており、守将の樋口直房が独断で一揆と和睦したのち逃亡するという事件が起きる。これに激怒した信長から樋口氏の捕縛命令が出されたのであるが、この時、関盛信・盛忠親子が樋口夫妻を捕えたのである（『信長公記』）。これを賞した信長の朱印状や、敦賀方面の主将である羽柴秀吉から、関親子に対して太刀と馬を贈り賞した内容の書状が残る事から、関親子が樋口夫妻を捕らえた事は明らかである。ところが、盛信の日野幽閉が解かれるのは、これより八年後の天正十年（一五八二）である。

幽閉中にこうした行動が可能なのであろうか。関盛信の幽閉については『氏郷記』にあるのみであることから、そもそも幽閉が事実かどうか不明であり、事実であるならば、いつ、どこに幽閉されていたのかなど謎が多い。

さて、その頃、徳川家康は、武田方から寝返らせた奥平信昌を長篠城(新城市)に入れ守備させていた。天正三年(一五七五)五月十一日、その長篠城を武田勝頼率いる武田勢が包囲したことから、家康は信長に救援を要請し、五月二十一日、設楽原《したらがはら》で両軍が対決することとなった。信長が多くの鉄砲を使った「長篠合戦」として知られるこの合戦は、織田・徳川連合軍三万八千、武田勢一万五千によって、日の出とともにはじまり、午後二時まで続いたとされる(『信長公記』)。

この合戦に氏郷が参加していたことを示す当時の記録は確認されていないが、当時の状況から、参加した可能性は高い。また、江戸時代に描かれた「長篠合戦図」(安土城考古博物館蔵)には、開戦直後の茶臼山信長本陣と、その後移動した設楽原の二カ所に氏郷の名が見られる。

興味深いのは絵図の中の標記である。氏郷以外の近江の武将たちは「近江衆五十騎」と一括で記されているのに対して、氏郷については、あえて「蒲生忠三郎」という単独の標記となっているのである。本来は「近江衆五十騎」に含まれていても不思議はないが、江戸時代において、氏郷が評価されていたことを示す一例と言えよう。

なお、この合戦で脚光を浴びた火縄銃については、日野においても製造されていたと伝わるが、これについては後述する。

さて、武田勝頼に大勝した信長は、八月十二日に、一向一揆の支配下となっていた越前攻撃に出陣した。約半月の戦で越前を平定した信長は、越前国の所領の分配を発表し、柴田勝家には越前八郡が与えられた。そして、これを機に蒲生親子は勝家の与力という任を外れ、賢秀は信長直属の「近江衆」の武将として行動するようになっていった。

天正四年(一五七六)一月には、信長の新たな居城である「安土城」の築城が開始され、蒲生氏も動員の命を受け、家臣の儀俄氏や三木氏が石垣普請の人夫を派遣した。

また、天正六年(一五七八)八月十五日には、近江国内や京から相撲取りを安土に集め、相撲を取らせている。氏郷は、奉行を勤めただけではなく、夕方に信長の要望で行われた奉行達による相撲において、信長の前で相撲を取っている。さらに、この数年後、天正九年(一五八一)と十年(一五八二)の正月には、左義長《さぎちょう》で爆竹奉行を勤めるなど、多方面で功績を重ねることで、信長の家臣として、また娘婿としての立場を確かなものとしていった。

有岡城伝本丸跡（兵庫県伊丹市）

さて、近江や京を中心に、周辺諸国に着々と勢力を広げた信長であったが、天正六年（一五七八）には、中国攻めの副将として三木城（三木市）攻めに加わっていた荒木村重が、突然、中国の毛利氏に寝返り、居城の摂津有岡城（伊丹市）に籠城する事態が起きた。有岡城は、ルイス・フロイスが『日本史』の中で、「甚だ壮大にして見事なる城に着きたり」と賞賛した城郭である。伊丹段丘の高低差を活用し、南北一七〇〇m、東西八〇〇mに及ぶ範囲に、武家居住地や町人居住地を配し、堀や土塁で取り囲んだ大規模なものであった。

これに対し、信長は数度にわたり説得を試みたが、村重が応じなかったことから、ついに攻撃を命じたのである。

『信長公記』によると、氏郷もその命を受けており、十一月十四日に有岡城包囲・攻撃のため、北方にある見野郷（川西市）に砦を構え、蜂屋頼隆・惟住（丹羽長秀）・若狭勢とともに守備についた。さらに、十二月十一日には丹羽長秀らとともに、有岡城の南方に位置する塚口郷の付城の城番を命じられている。この城番の命は、翌年四月末にも再度出されており、「何重にも堀を作り、塀や柵を取り付け守備すること」が指示されており、徹底した包囲・持久戦となっていったことがわかる。しかし九月に村重が単身で有岡城から脱出すると事態は急変し、十月十五日に内応者により、有岡城内で謀反が起きた事により、ついに落城するに至った。

この例に見られるように、氏郷は以前のように、柴田勝家といった特定の有力武将の与力として配属されるのではなく、独立した軍勢として扱われるようになっており、いわゆる遊撃部隊として、各地に派遣されるようになったのであった。

そして、十年におよんだ本願寺との戦が終結した天正八年（一五八〇）には、賢秀が信長の馬回り衆（旗本）となり、安土に屋敷地を与えられている（『信長公記』）。これは、嫡男信忠に織田家家督と所領の尾張・美濃を譲った信長が、近江の武将（江州衆）を中心に直属の軍団を再編成する中で取られたものであり、賢秀はその代表格の武将であった。一方、氏郷は前述のように父とも独立して行動するようになっていた。

もちろん、近江近郊での大規模な合戦には、その後も親子揃って出陣することがあった。例えば、天正九年（一五八一）九月に行われた伊賀（三重県西北部）攻めでは、信長は、次男信雄を総大将として、丹羽長秀、滝川一益ら四万もの大軍（一説には六万あるいは三万余とも）を周辺の六方面から侵攻させており、蒲生親子は脇坂安治らとともに、七千の軍勢で甲賀郡から北西部の玉滝口へ侵入した。迎え撃つ伊賀の土豪たちの軍勢約九千であり、またたく間に四十九院（伊賀市）をはじめとする拠点の寺社・城砦が焼き落とされ、伊賀は平定されたのであった。

天正十年（一五八二）には、氏郷は甲斐の武田氏攻めに従軍するなど、引き続き各地を転戦していた中、天正十年六月二日、明智光秀が織田信長に謀反を起こし、信長が急死する事態となった（本能寺の変）。

当時、賢秀は、安土城二の丸御番衆（留守居役）として安土城を守っていたのであるが、明智光秀の呼びかけに応じず、信長の妻子をひとまず日野へ保護することとした。そして、氏郷に牛馬や人夫を調達の上、腰越（近江八幡市）まで迎えに来させている（『信長公記』）。

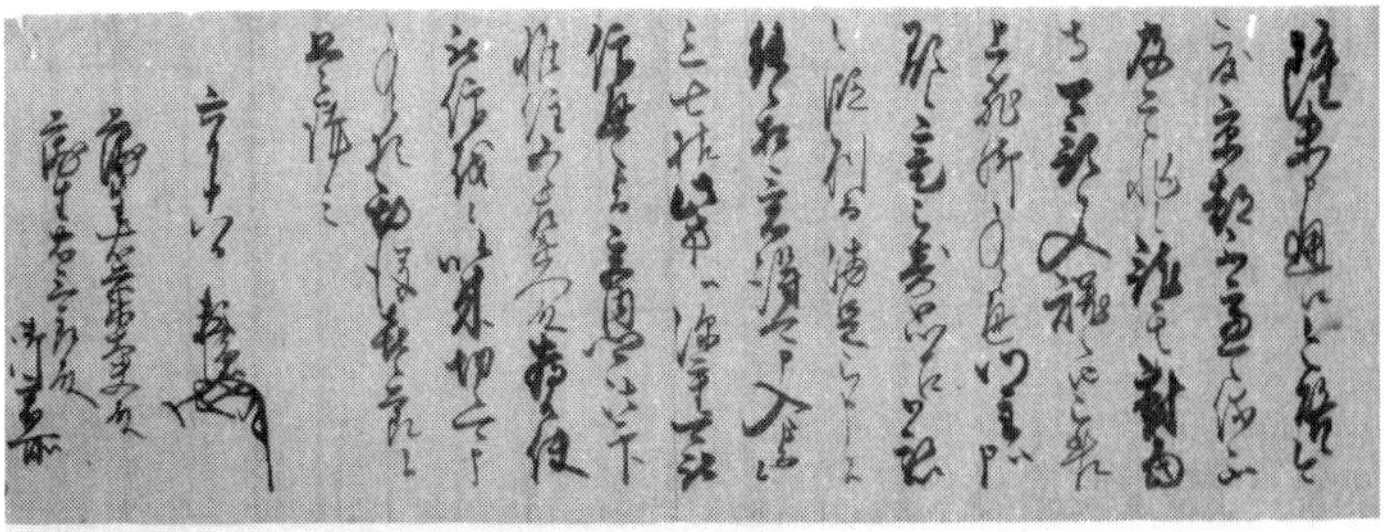

天正10年6月18日付『下間頼廉書状』（興敬寺蔵）。顕如へ蒲生親子の手紙を披露したことを伝えている

同時に徳川家康や本願寺顕如《けんにょ》に、光秀に対抗するため日野で籠城したことを報告するとともに、援軍を要請する書状を送っている。一部には「愚直」と評された賢秀であるが、実は冷静で的確な判断のもと、迅速に行動ができる人物であったことがわかる。

蒲生氏が光秀の勧誘を断り籠城していたことは、七日に安土城の光秀の元を訪れた勅使に対し、「日野の蒲生氏は、いまだに出頭していない」と答えている（『実隆卿記』）ことからも明らかである。

なお、信長の死を機として、賢秀は氏郷へと家督を譲ったと考えられる。それは、氏郷が六月十日付けで長命寺（近江八幡市）に対し禁制を出していることなどからも明らかであろう。それは、かつて主君が六角氏から織田氏へと変わった際に、定秀が賢秀に家督を譲り隠居したタイミングと似ている。しかも、隠居した定秀が「下野守」を称したように、賢秀も本能寺の変以降は「下野守」を称し、以後、史料に見られなくなるのである。賢秀が亡くなるのはわずかその二年後、天正十二年（一五八四）三月（または四月）のことで、氏郷が伊勢に出陣中のことであった。

天正十年六月二十七日付けの『多門院日記』によると、「噂ではあるが」と前置きした上で、山崎の合戦で明智光秀を倒した羽柴秀吉の他、柴田勝家、惟住《これずみ》（丹羽）長秀、池田恒興《つねおき》・堀秀政ら織田家の重臣が尾張の清洲城（清須市）に集まり（織田信雄・信孝兄弟は反目しており出席せず）、織田家の家督継承と領主不在となった領地の分配について話し合った。いわゆる清洲会議である。

一説によると、この時、柴田勝家は信長の三男である織田（神戸）信孝を推挙したが、羽柴秀吉は「本能寺の変」で討死にした「嫡男信忠」の遺児で、信長の嫡孫にあたる「三法師（秀信）」を推挙したという。

秀吉は、「勝家が推挙する信孝は、伊勢の神戸家へ跡継ぎとして養子に出されている。しかも次男の信雄を差し置いて、三男の信孝が織田家を継ぐというのは問題である」として、自身が推挙した三法師の正統性を強く主張したとされる。その後、会議が紛糾しようとしていたところ、丹羽長秀が「明智光秀を討ったのは秀吉である」と発言したことから

天正10年10月15日、大徳寺で行われた信長の葬儀で三法師を担ぐ秀吉。『絵本太閤記』より（国立国会図書館蔵）

形成は秀吉側に傾き、会議は決着したとされる。

以上のやり取りは、あくまでうわさであり、事実については明らかでないが、秀吉は織田信雄・信孝両名ともに三法師の後見となり、尾張国は信雄に、美濃国は信孝に与えられ、三法師は岐阜城で預かることになったのであった。

なお、この日の論功行賞の結果、氏郷には近江国南部の旧佐久間領一万石の知行が加増されることとなった。

さて、信長亡き後、織田家臣の主導権争いを巡る、羽柴秀吉と柴田勝家や織田信孝との対立は次第に激化し、天正十年十二月、ついに武力衝突に発展

２年続けて激戦が行われた峯城跡全景（三重県亀山市）

した。

そして、年が明けた天正十一年（一五八三）正月には、勝家に呼応した伊勢長島（三重県桑名市）の滝川一益が、羽柴秀吉に対し挙兵した。

当時、北伊勢地方における秀吉方の有力武将であった関盛信・豊盛（のちの一政）親子は、秀吉に年賀の挨拶をする為に上京しており、居城の亀山城を留守にしていた。その間隙を縫って、滝川勢は亀山城、国府《こう》城、鹿伏兎《かぶと》城、峯城など関氏関係の城を次々と占領したのであった。この内、峯城については一益の甥である滝川益重が落とし、そのまま守将となっていた。

これに対して秀吉は、二月に羽柴秀長、筒井順慶、氏郷らの軍勢を安楽越で峯城攻撃に向かわせた。峯城は、「城の構えよく、兵も多かりければ…『豊鑑』）」というように、多数の軍勢が駐屯する堅城と記されるが、四十数日の籠城で兵糧不足に陥り、四月十七日（三月中とも）に降伏した。

『氏郷記』では、合戦後に氏郷が、戦功により秀吉から亀山城を与えられたが、これを断る代わりに、元の城主であり姻戚でもある関氏に譲ったとある。

この間にも秀吉は、柳ケ瀬（滋賀県長浜市）に布陣した柴田勝家と賤ヶ岳（長浜市）一帯で対峙していた。さらに四月中旬には、勝家に呼応した織田信孝が籠もる岐阜城を包囲し、四月末頃にこれを落とす（のち、信孝は自害）とともに、賤ヶ岳一帯でも勝家と戦い勝利を収めた。さらに、退却する勝家を居城の北ノ庄城（福井市）まで追撃した結果、勝家は四月二十四日に自害した。こうして秀吉は、信長の実質的後継者としての地位を固めたのであった。

ところでこの時代、武士は権威付けあるいは領土の所有や戦の大義名分などの名目の為、主君である大名が朝廷と交渉して正式な官位（官職と位階）を得ただけでなく、朝廷の任命を得ずに官位を自称する場合もあった。いずれの方法かは別として、武士は得た官位と姓を組み合わせて名乗ったのである。さらに、新たな姓を権力者や主君から与えられる場合があり、その生涯を通して度々公称を変えていったのである。つまり、書状などにどういう公称を記していたかで、その年代などを解き明かす目安ともなる。

氏郷は、天正十一年に「飛騨守」に任じられている。よって、以後は次の官位を得るまでの間、「蒲生飛騨守」と称するようになった。そして、この「飛騨守」という呼称こそ、武将氏郷の代名詞として、氏郷亡き後も使われ続けたのである。その点については、第三章で詳しく述べることとする。

さて、天正十一年に続き、翌天正十二年にも大規模な合戦が再び伊勢で始まる。いわゆる「小牧・長久手の合戦」の前哨戦とも言うべき戦である。

まず初めに、当時秀吉に不満を抱いていた織田信雄が、徳川家康を頼り挙兵した。両軍の激突は三月九日で、信雄方である神戸城（三重県鈴鹿市）主の神戸正武が、秀吉方であった関氏の亀山城を攻撃したことに始まった。

これを受け氏郷は、前年同様、秀吉の命により亀山へ救援に駆け付けることとなった。三月十二日に氏郷は、堀秀政他一万の軍勢として出陣し、前年と同じく安楽越で侵攻した。その二日後には信雄方の佐久間信栄《のぶひで》が守る峯城を攻撃し、短期間でこれを落とした。続いて十六日には、伊勢松ヶ島城（松阪市）攻めに移っている。この時、松ヶ島城を包囲した秀吉軍は総勢五万余（『勢州軍記』）とも言われ、激戦の末に四月七日にこれを落とした。

この間、氏郷は、三月中旬から下旬の間に峯城の包囲から離れ、徳川家康が本陣を置く小牧山城（愛知県小牧市）を牽制する為に移動し、さらに三月二十九日には、最前線である

天正12年合戦関係位置図

田中砦(小牧市)に堀秀政や細川忠興《ただおき》と供に布陣した。

ところがこの合戦は、小牧山城の周辺に、家康と秀吉それぞれが、複数の付け城(敵の城郭を攻めるための臨時的な城)や大規模な土塁などを構築して互いに牽制した結果、こう着状態に陥ることになった。

秀吉軍は、こうした局面を変えるために、羽柴秀次、池田勝入《しょうにゅう》(恒興)や森長可を中心とした別動隊により、家康の本拠である三河方面の攻撃を行った。ところが、四月九日の未明に行われた白山林(名古屋市守山区・尾張旭市)の戦いで秀次が敗れ、さらに同日午前に行われたいわゆる「長久手合戦」において、勝入と長可の両名が討死するなど家康方の勝利となった。この日の午後、秀次敗戦の報を聞いた秀吉は、竜泉寺に移動を試みており、氏郷もこれに伴い九日以降に、竜泉寺に陣を移している。

その後、再びこう着状態となったが、秀吉は伊勢の織田信雄攻略に集中するため、五月一日に全軍撤退を命じたのであった。

秀吉が信雄攻略への方針転換を決断したのは、長久手合戦後と考えられる。それは、四月十二日付で秀吉が、小島民部少輔(織田信孝異父兄・神戸城主)、田丸具直《ともなお》(岩出城主)、榊原氏(榊原康政本家・榊原城主)に、信雄配下の木造氏が籠城した戸木城《へきじょう》(三重県津市)に対し、四カ所の付け城を入念に造るよう指示したことからも明らかである。

なお、実際の氏郷の撤退日や動向については不明だが、『氏郷記』などには、池田らの仇を討とうとした秀吉を氏郷が諌めたことや、秀吉が全軍撤退を命じた際に、氏郷が殿軍を勤めたとある。さらに撤退中の五月三日、秀吉が美濃加賀野井城（岐阜県羽島市）を攻めた際には、氏郷勢が敵将の峯孫三郎や千草三郎左衛門をはじめ百余人を討ち取ったとされる。

さらに、加賀野井城攻めと同時に行われた竹ヶ鼻城（羽島市）攻めの途中、秀吉は論功行賞を行い、氏郷は南伊勢五郡（一志・飯高・飯野・多気・度会）を拝領し、田丸城（三重県度会郡）の田丸具直、亀山城の関一政、大和宇陀（奈良県宇陀市）の沢・秋山・芳野氏らが与力につけられたとされる。ちなみに、一二万石と言われる所領については、与力の所領を含むとする説もあり、当時実際に氏郷の所領がどれくらいであったのかについては、なお検証を要する。何より重要なことは、拝領したとされる時点では、新たな領地となる南伊勢は、基本的に敵である織田信雄の支配地ということである。よって、この国替えは「切り取り次第」という意味も込めた過酷なものであったとも言えよう。

なお、『氏郷記』には、氏郷は六月十三日に松ヶ島に移ったとある。さらに、氏郷が移った後、秀吉が直轄地とした日野町に出した「掟」が、六月付けであることから、六月中に松ヶ島に移った可能性は高いと思われる。いずれにせよ、これにより、蒲生氏は本拠としてきた近江日野から離れることとなったのであった。

ところで、龍野神社（兵庫県たつの市）に残る、羽柴秀吉から家臣である脇坂安治に宛てた天正十二年の書状に、秀吉が氏郷をどのように思っていたかをうかがわせるものがある。それは、正親町《おおぎまち》天皇が、譲位の後に移り住む仙洞御所《せんとうごしょ》の造営に関わるもので、秀吉が伊賀国で材木の手配を安治に命じた書状である。安治自身は、こうした内政に関わる仕事ではなく、戦への参加を望んでいたのである。その為か、材木輸送に遅れが出ていたことから、再三秀吉から書状で叱責を受けている。さらに秀吉は、材木確保だけではなく、伊賀の土豪たちの城の破却など、伊賀の統治についても詳細に指示をしており、「統治がうまくいかなければ蒲生氏郷ら他の武将を派遣する」と書き送っていたのである。もちろん、氏郷のみを例に挙げたわけではないが、秀吉が氏郷の武力や統治能力を認めていたことを示す一例と言えよう。

コラム

伊勢の関氏

蒲生定秀は、息女を伊勢の関盛信や神戸友盛の正室として輿入れさせていた。さらに、盛信の跡を継いだ豊盛（一政）も、蒲生賢秀の息女「菊（瑞応院）」を正室としており、蒲生家と関家は二世代にわたり姻戚関係を結んでいた。

この関氏は、中世において伊勢国鈴鹿郡（三重県北部）一帯に勢力を誇った土豪である。氏郷の活躍した時期には、関一政が秀吉により松ヶ島へ移る氏郷の与力（大名）を命じられており、氏郷が会津に国替えとなった際には奥羽に同行し、白川城主となっていた。また、弟の勝蔵（元吉）も、氏郷直属の武将となり、会津に同行していた。

そうした中で、軍記物という側面はあるが『氏郷記』には、氏郷勢の先鋒として各地の合戦で活躍する一政の姿があり、要所である白川城を任されたことに不思議はないと思われる。

一政は、氏郷没後に豊臣秀吉によって独立した大名として取り立てられ、信濃国飯山（長野県飯山市）、美濃国多良（岐阜県大垣市）へと国替えとなり、関ヶ原合戦後に伊勢国亀山に復帰したのち、慶長十五年（一六一〇）、伯耆国黒坂（鳥取県日野町）他五万石に封じられた。

元和四年（一六一八）に、家中争論を理由として改易されるが、養子の氏盛（勝蔵の子）が徳川家の旗本として取り立てられ、近江中山（滋賀県日野町）他五千石を拝領し、明治に至るまで治めるに至った。

なお、改易後、一政は正室の菊とともに京に移り暮らしたとされ、一政は寛永二年（一六二五）、菊（瑞応院）は、寛永四年（一六二七）年に没しており、関氏ゆかりの大徳寺正受院に葬られた。

関一政像（正受院蔵）

瑞応院（菊）像（正受院蔵）

松ヶ島城跡に残る伝天守台（三重県松阪市）

伊勢松ヶ島・松坂での氏郷

前述のとおり、天正十二年四月七日に松ヶ島城を落としていたにせよ、六月に氏郷が入封した当時の松ヶ島周辺は、織田信雄の支配地であり、特に戸木城の木造氏が中心となって抵抗を続けていた。

これに対し氏郷は、木造氏の出城を順次落とし、秀吉方である安濃津《あのうづ》城の織田信包《のぶかね》とともに戸木城包囲体制を整えた。これにより戸木城は孤立し、兵糧不足となったため、信雄と家康は木造氏援助のため七月五日に伊勢に入り、浜田（四日市市）に砦を築き、木造氏を激励している（「七月十二日付家康書状」）。この家康による伊勢侵攻は衝撃的であったようで、『多聞院日記』七月十一日状には、「美濃三人衆・江州蒲生も寝返る」、「うそなり」と記されており、「氏郷が寝返った」との誤報が伝わるほどであった。

ところが、秀吉に背後を襲われることを危惧した家康が、強風を理由に兵糧の搬入を断念し撤退したため、結局、戸木城は孤立したままであった。そこで、木造氏は独自に秀吉との和睦交渉を行う動きに出る（「七月二十八日付小島・蒲生宛文書」）。その交渉は決裂したものの、高田山専修寺《せんじゅじ》門跡の尭慧上人《ぎょうえしょうにん》が戸木城を訪れ説得が行われた。

この間秀吉は、伊勢平定と同時に、信雄領である伊賀へも兵を送り、これを平定している。そして、十一月初めまでには三重郡北部まで進出し、四つの砦を構えた他、六日には桑名に近い桑部（桑名市）・柿多（三重郡）の城を落とし、縄生《なお》（三重郡）・桑部に砦を構えている（「十一月六日付加藤茂勝秀吉書状」）。秀吉は、氏郷を縄生城の守将に定め（『太閤記』）、桑名城攻略の体制を整えたのであった。

この攻勢に信雄は、十一日ごろから和睦の意を示し「秀吉次第たるべき由」（「十一月十一日付津田小八郎宛秀吉書状」）と、「秀吉の思いのまま」という無条件降伏を願い出たことから和睦が成立し、これを知った家康は岡崎へ退却したのであった。この時、木造勢も戸木城から退城したが、氏郷は木造家旧臣の中から勇士を選び召抱えたと言われる。

以上のように、信雄支配下で、しかも木造氏のような強固な抵抗勢力が残る南伊勢を抑えることができる武将として、氏郷が選ばれたのは当然のことであったと考えられる。実際、秀吉の思惑通り、日野から松ヶ島に移った氏郷は、約半年間に渡る激闘を繰り広げた末に木造氏を屈服させ、南伊勢の平定に成功したのであった。

しかし、実質的には信長恩顧の大名を畿内や近江から遠ざけ、子飼いの家臣で要所を固めようとする秀吉の意図が働いたものと考えられている。

真相は不明だが、秀吉や氏郷自身の勢力拡大とともに、氏郷は信長の家臣時代以上に大規模で広域な戦に、その後も身を投じることになったのである。

天正十三年（一五八五）、秀吉は前年の合戦の際、織田信雄に呼応し敵対した紀伊（和歌山県）の根来・雑賀一揆勢の攻撃を決定した。そこで、三月二十日に先鋒を出陣させ、翌日には自ら出陣し、岸和田城（大阪府岸和田市）へ入城した。一方、一揆勢は和泉南部（大阪府南西部）まで進出し、中村（田中城か）・沢・田中（畠中城か）・積善寺《しゃくぜんじ》・千石堀（以上、大阪府貝塚市）に出城を築き秀吉勢に備えた。

氏郷は、二十一日に土豪が籠城した畠中城を攻め落としており、続いて二十二日から二十三日にかけて根来《ねごろ》衆の積善寺城へも攻撃を行い、和議により開城させている。

続いて秀吉勢は、二十三日に根来寺（和歌山県岩出市）、粉河寺《こかわでら》（紀の川市）の焼き討ちを行った。さらに、雑賀衆が籠る太田城（和歌山市）を水攻めにより四月二十一日に降伏させており、この軍勢には氏郷も加わっていた。またこの間、四月十日には高野山に降伏を勧め、これを受け入れさせるなど、一部の地域を除き紀伊国の平定は完了した。

続いて八月上旬に秀吉は、前年の合戦時、家康・信雄に呼応して越前を攻めた越中(富山県)の佐々成政《なりまさ》攻めを命じ、氏郷は三千五百の軍勢で出陣した。これは、総数約五万七千の軍勢の内、丹羽長秀の二万、前田利家の一万、織田信雄の五千に次ぐ兵力である。この事だけでも氏郷の武力に対する秀吉の期待が良くわかろう。

この秀吉勢に対して成政は、倶利伽羅《くりから》峠に三十六カ所の砦を築き、木船・守山・増山・富山の各城をもって防戦したが、秀吉は、越中国「立山うは堂」・「つるきの山之麓」に放火し、木船・守山・増山以下の砦を攻略した(「九条家文書閏八月五日付書状」)。

これにより戦力差を思い知った成政は、八月二十六日に居城の富山城を明け渡した。そして、剃髪し墨衣一枚で織田信雄を頼り、羽柴秀吉陣所に投降したのであった。

ただし、このような大規模な軍事行動にも関わらず、この戦における氏郷の動向については不明である。

さて、この天正十三年十一月二十九日には天正大地震が発生しており、近畿・東海・北陸地方に甚大な被害を出している。大垣城、長浜城などが全壊し、伊勢では長島城が全壊した他、伊勢神宮外宮も破損し、沿岸各地を津波が襲った。海岸沿いであった松ヶ島城も大きな被害が出たと考えられ、低丘陵上に松坂城を築城する一因となったと考えられよう。

このように、天正十三年は大きな戦が立て続けに行われただけでなく、天災にも襲われたが、さらに氏郷個人にとっても激動の年であったことが、記録からうかがい知ることが出来る。

ルイス・フロイスの『日本史』によると、氏郷は天正十三年の三月までにキリスト教の洗礼を受けている。

これは、高山右近らのすすめなどによると言われるが、この年のイエズス会年報には、「(前略)我が教えを好まなかった。それで右近殿を避けようとさえしはじめた」と書かれており、当初はキリスト教を受け入れないばかりか、高山右近を避けようとしていたことがわかる。

ところが、八月二十七日付のルイス・フロイスの書状には、「(前略)飛驒殿は戦争から帰還して教理の説教を聴聞に大阪の教会へ来る決心をした。聴き終わってまったく満足し、聖なる洗礼を受けて(洗礼名は「レアン」とされる)、大いなる慰めを得たので、我ら並びに今日の日のあることを熱心に願ってきたキリシタンの武士一同はこれを喜んだ。彼は今までに、かの地方でキリシタンになった最も主だった最も勢力のある人の一人である」と書かれている。つまり、洗礼を受ける三月までに参加した合戦後、積極的にキリスト教の説教を聞くようになり、教義に納得した上で洗礼を受けたというのである。記録の日付を信じるとすれば、木造氏との激闘が終わった後と考えられよう。しかし、天正十三年三月以前は、前述のとおり、多くの大規模戦闘に参陣しており、そのどの段階でも心的変化を起こす要因になったと考えられる。

なお、キリシタンに関して、氏郷が使節をローマに派遣した件については、一部の地誌等に散見できるものの、根拠は乏しく、当時、渡海の援助をしていたイエズス会の諸報告にも記載がないことなどから、実際に行われたかは極めて疑わしい。

また、この年、氏郷は名を「賦秀」から「氏郷」に改名したことがわかる。ところが、実際には、閏八月二十三日の書状に「賦綱《ますつな》」と署名があることから、短期間で「賦綱」、「氏郷」と二度改名した事がわかる。「賦秀」を改めた理由は、七月十一日に秀吉が関白に任じられていることからみて、通説どおり名実ともに天下人になった「秀吉」の「秀」の字をはばかったと考えるのが妥当であろう。一方、「賦綱」の由来については不明である。

以上のように、氏郷にとって公私ともに大きな出来事があった天正十三年であったが、

岩石城が築かれた岩石山（福岡県添田町）

翌十四年には、九州を平定間近であった薩摩（鹿児島県西部）の島津氏の攻勢に対し、豊後（大分県）の大友宗麟《そうりん》が秀吉に救援を求めたことから、氏郷はまたしても大規模な戦に巻き込まれることとなった。

天正十五年（一五八七）正月、秀吉は畿内・北陸・東海の諸大名に九州出兵を命じた。堀秀政に宛て秀吉が出した各軍勢の動員数が記された「九州陣立書」には、二月二十五日に「羽柴松ヶ嶋侍従（氏郷）」が、軍勢千七百を率いて出陣することが定められている。

二月二十八日に小倉城に入った秀吉は軍勢を二手にわけ、自身は筑前（福岡県）から肥後（熊本県）路を進み、弟秀長には日向（宮崎県）路を進ませることとした。

秀吉は、三月三十一日に島津に属した秋月氏の支城で、熊井越中守が籠る「岩石城《がんじゃくじょう》（福岡県添田町）」の攻撃を命じた。当初、岩石城には羽柴秀勝・蒲生氏郷・前田利長を監視のために残し、本隊は秋月氏の本拠「古処山城《こしょさんじょう》（福岡県朝倉市）」を攻撃する計画であったが、氏郷と前田利長の懇願により、岩山城攻撃が許可されたのであった。

戦の様子は、あくまで『氏郷記』によるものだが、次のようにある。

豊臣勢は、第一陣に蒲生氏郷、第二陣に前田利長、第三陣に大将の豊臣秀勝とする一万余であったとされる。対する熊井越中守率いる（十日前に病死とする記録も残る）秋月方の軍勢は三千という。

四月一日早朝、大手より攻撃を開始した氏郷は、上坂左文、谷崎忠右衛門、本多三彌、横山喜内を軍奉行として定め、抜け駆けを禁じていた。三の城戸まで攻め破ったところで、秀吉は先鋒の疲れをみて入れ替えを命じた。しかし、これを激励ととらえた軍勢は、さらに攻撃を続けた。その中で軍奉行であるにもかかわらず、本多三彌はわれを忘れて抜け駆けして敵を討ち取り、上坂左文や横山喜内もそれにつられて突出したところ、軍紀違反に怒った氏郷に呼び戻された。一方、先鋒の坂源次郎は一番乗りをはたし、これに寺村半左衛門が続き一番首を上げ、続いて前田勢が突入した。

この乱戦の中、氏郷本陣の岡左内、西村左馬允《さまのじょう》（重就）、岡田半七ら五、六名も軍紀を破って戦ってしまう。氏郷自身は、部下とともに二の丸、本丸と落として行き、搦め手に逃げた敵兵を関一政とともに挟撃した結果、蒲生勢に討たれた者は四百余人であったという。そして、城将である熊井越中守や芥田六兵衛も討死して、夕刻には落城したのであった。

氏郷と利長は秀吉より感状を受け、先鋒の坂源次郎と寺村半左衛門にも褒美が出たのであった。氏郷も、自軍の将士の賞罰を行い、ここでも坂源次郎は賞せられたが、敵は討ち取ったものの軍紀を破った本多三彌を追放、岡左内、西村左馬允、岡田半七ら五、六名に対しては、暇を出して浪人させ、軍紀の粛正を行ったとある。

さて、初戦における岩石城の落城は、島津方に大きな衝撃をもたらしたようで、これを機に筑後《ちくご》大隈城《おおくま》（久留米市）、秋月城（朝倉市）、熊本城（熊本市）、宇土城（宇土市）などが続々と開城し、島津義久は四月十七日に秀長に大敗した結果、二十一日に降伏したのであった。

一方、秀吉は五月三日、川内の泰平寺（薩摩川内市）に本陣を設けたが、秀長から島津義久の降伏を知らされ、これを認めて五月九日付で義久に薩摩一国（鹿児島県西部）を、二十五日付で弟の義弘に肝付《きもつき》一郡を除く大隅国（鹿児島県東部）を与えた。なお肝付一郡は、伊集院忠棟に与えられた他、義久の養嗣子久保《ひさやす》には、日向国真幸院《まさきいん》付一郡が与えられている。

これについて島津家は、本領安堵されたように見えるが、実際には秀吉が義久の謝罪を認め、新たな所領を与える形となっており、所領の宛行状《あてがいじょう》には、「叡慮《えいりょ》(天皇の考え)」を守り、忠功に励むようにという文言が書かれていたのであった。つまり、九州出兵は、秀吉による私戦ではなく、勅命を受けた関白秀吉として、九州の大名を豊臣政権に組み込む一環として行われた戦と位置付けられるのである。

よって、氏郷にとっての九州出兵とは、明確な豊臣政権の大名という立場での初の出陣であったと言え、それこそ以前に氏郷が従軍した戦と大きく異なる点と言えよう。

このように、氏郷の置かれた立場がどう変わったにせよ、これで残る秀吉の抵抗勢力は、関東の北条氏と奥州という状況となったのである。

コラム

家臣が拝領した秀吉の兜

豊臣秀吉所用の兜として有名な「一の谷馬藺後立付兜《ばりんうしろだてつきかぶと》」は、岩石城攻めで戦功を挙げた氏郷の家臣西村重就《しげなり》が、秀吉から「志賀」という苗字とともに拝領したと伝わる。記録によると重就は通称「左馬允」と言い、岩石城合戦後、あるいは会津入国時に「志賀」に名字を変えて以降は、「与三右衛門尉《よそうえもんのじょう》」(『氏郷記』)、さらに「与惣右衛門」(『会津御在城分限帳』)と改めたとされる。

氏郷の死後は上杉景勝に仕え、景勝の米沢移封後は蒲生秀行、忠郷、忠知に仕えたという。しかし、寛永七年(一六三〇)に起こった蒲生家重臣間の抗争の際、訴訟で敗れ追放となった。以後については岡崎藩士となったとされる他、諸説伝わっている。

興味深いことに、兜を秀吉から拝領した件については、兜の由来として伝えられているのみで、西村(志賀)家に関する記録では確認できない。よって、実際に西村が拝領したかを含め詳細は不明なのである。事実とすれば、氏郷は岩石城攻めの際の抜け駆けを罰し、重就を浪人とした(『氏郷記』)のに対し、逆に秀吉は、姓と兜を与えて賞したという矛盾が生じることとなる。

また、九州攻めの戦功により、氏郷は秀吉から「羽柴」の姓を賜り、氏郷も家臣に「蒲生」の姓を与えたとされる（『氏郷記』）。しかし、前述のとおり、氏郷は出陣前すでに「羽柴」姓で命令を受けており矛盾が生じる。これらは、史資料が記された時期の違いによって、歴史解釈が大きく異なる要因となる一例と言える。

一の谷馬藺後立付兜（複製）（大阪城天守閣蔵）

コラム

さて、九州での戦功により氏郷は、天正十六年（一五八八）四月に正四位下左近衛少将に任じられた。よって、以後は「羽柴松ヶ島侍従」から「羽柴松ヶ島少将」と公称を変えることとなる。

そして、独立丘陵である四五百森《よいほのもり》に、新たな居城として高石垣や瓦葺建物を組み合わせた織豊系の城郭を築いたとされるが、実際には、松ヶ島に入封直後から築城にかかったと考えられる。なお、その城名は、伊勢で「松ヶ島城」に入ってから、合戦での勝利が続いたことから、「松」が吉兆をもたらすものとして「四五百森」を「松坂」と改めたとされる（『氏郷記』）。

その松坂城の本丸（東西約八五ｍ、南北約一六六ｍ）は二段に分かれ、北西隅に天守台が設けられた。氏郷の築城時、天守台には三層と伝わる天守が建てられたとされ、出土した瓦の一部に金箔瓦が見られることや、瓦に「天正七年」と刻まれたものがあることなどから、松ヶ島城の瓦を再利用したと考えられている。また、二の丸には御殿、丘麓の三の丸には重臣の屋敷が配され、土塁、堀をめぐらせた壮大なものであったという。

但し、現在見ることができる遺構の大部分は、江戸時代以降の改修によるもので、氏郷当時の遺構は天守台の石垣など一部に限られる。発掘調査によると、天守は多聞櫓や金の間櫓で御殿と一体化しており、安土城本丸の構造に倣ったとも考えられている。

また、城の東には家臣団居住地と、町人居住地が扇型に広がる城下町が造られ、南伊勢の拠点城郭としての威容が整えられていった。

なお、氏郷が会津に移って以降は、服部一忠、古田重勝・重治が領した。さらに元和五年（一六一九）から明治維新までは、紀州徳川家が統治し、松坂城には城代（代官）が置かれたのであった。

松坂城天守台石垣

さて、天正十七年（一五八九）十一月二十四日、秀吉は関東の太守である北条氏に対して「表裏勅命に背き、公儀を軽んずる」（「鹿苑院日録十一月二十三日条」）として宣戦を布告した。つまり、九州出兵で立場を明確にしたように「勅命に背き、中央政権を軽視している」として、近畿・東海・北陸他の大名に出陣を命じたのであった。

この命を受けた氏郷は、天正十八年二月七日に松坂を出陣した。

秀吉本隊は、三月一日に京を出発し東海道を下り、二十九日には七万余の軍勢が最前線である伊豆山中城（伊豆の国市）を攻め、わずか半日で落城させている。

一方、山中城の南方に位置し、北条氏規《うじのり》（北条家四代目氏政の弟）が守る韮山城《にらやまじょう》（伊豆の国市）には、織田信雄、細川忠興、蒲生氏郷らが率いる豊臣勢四万四千百（『毛利家文書』「韮山城取巻人数書立」）が押し寄せ包囲した。実は、城攻め前日の三月二十八日付で秀吉が出した命令書には、「山中城は攻め崩せ」と指示されているのに対し、韮山城攻めの軍勢は「敵の攻撃に備えて待機」との指示が出されていた。実際に、包囲されている最中にもかかわらず、氏規が韮山城を出て小田原城に移動しており、四月八日には包囲していた軍勢の内、大将の織田信雄、細川忠興、蒲生氏郷などが小田原城攻囲に移動している（『豊臣秀吉朱印状』）。これらのことなどから、当初から秀吉には氏規を寝返らせ、小田原の北条氏政らの説得に当たらせる意図があったと思われる。その為、あえて韮山城を強襲しなかったと考えられている。

その後、箱根山を越えて、北条氏の本拠である小田原城を包囲した秀吉は、笠懸山（小田原市）に築城を命じ、箱根湯本の早雲寺を本陣とした。九日頃には諸将の陣所も決まり、臨戦態勢のまま陣所の整備を進めている。

一方、北条氏政・氏直父子は、直前まで小田原城の拡張工事を行っており、城下町から

石垣山城跡(笠懸山)から見た小田原城跡

田畑までを土塁や堀などで囲い込む、全長一二㎞におよぶ惣構《そうがまえ》を構築していた。そして、弾薬・兵糧を城内に貯え、長期間籠城する戦術を用いたが、これに対し秀吉もまた長期包囲する作戦をとるとともに、城内に向かって攪乱、買収工作を行ったのである。

笠懸山の築城は、昼夜兼行で行なわれており、五月十四日の書状によると、石蔵も完成し、御殿や天守の建設にかかる段階にあった。

この間にも北条方の情勢は日に日に悪化し、五月二十日には岩槻城(埼玉県さいたま市)が落城、六月九・十日には、北条氏と密かに連絡を取り合っていたとされる伊達政宗が秀吉に対面・恭順し、十四日には鉢形城(埼玉県寄居町)が開城されている。二十二日には徳川家臣の井伊勢により小田原城惣構の南東隅に設けられた「篠曲輪《ささくるわ》」が落ち、二十三日には八王子城（八王子市）が落城、二十四日には籠城していた韮山城が開城という状況で、北条方は次第に戦意を喪失していったと思われる。

そのような中、二十六日に石垣山城は一応の完成をみて、小田原城方面に目隠しのため残していた大木をことごとく切り倒し（『大三川史』）、突如、小田原城の目前に秀吉の城が現れたような演出を行ったのであった。

氏郷はこの約三カ月前の四月八日、韮山城の包囲から移動し、小田原城惣構の北方に設けられた久野口を監視できる朝ヶ坂という台地に布陣した。そこは、甲斐国（山梨県）へ通じる甲州街道を監視する要所にあたる。『関八州古戦録』などには、北条方の戦意がまだ高かった五月三日に、北条家臣の太田氏房により、氏郷の陣所へ夜襲があったとされる。

それによると、氏郷勢四千に対し、氏房は兵百を二手に分け、鉄砲を十五丁ずつ計三十丁持たせ久野口より出撃し、合戦が行われたとされ、その際、氏郷が長槍で堀に突き落とした敵は三十名に及んだという。

こうした小競り合いはあったと考えられるものの、全体的にはこう着状態であり、秀吉は石垣山城出現の演出から三日後の六月二十九日に、石垣山城で大茶会を催している（『天王寺屋会記』）。

しかし、こう着状態の中で、すでに降伏した北条氏規を含むさまざまな交渉ルートから氏直に降伏を促していた。その結果、氏直は七月一日に降伏勧告に応じる意向を固め(「北条氏直書状」)、五日に開城した。さらに六日後の十一日に主戦派とみなされた氏政、氏照兄弟が秀吉の命で自害したことで小田原攻めは終了したのであった。

会津での氏郷

小田原城開城後、秀吉は東北地方の平定のために奥州に移り、天正十八年(一五九〇)八月九日、会津黒川において「奥州仕置」を発表した。その要点は、秀吉により改易あるいは没収された所領の接収、接収した所領の明け渡し、城の破却(破城)、刀狩、そして検地を行うことであった。これにより大崎・葛西・石川・白川・田村氏は領地没収、氏郷には八月十一日付の『浅野家文書』で、「会津の儀、松坂少将に下され候」とあるように、伊達政宗から召し上げた会津諸郡(大沼・河沼・稲川・耶麻・猪苗代・南山の各郡)が与えられた。さらに、小川荘および白川・石川・岩瀬・安積・二本松の六郡も加えられ、合計四二万石となった(『氏郷記』)。

但し、天正十八年八月九日付「奥州会津御検地条々」によると、当時の奥羽検地は、石高表記ではなく永楽銭による貫文高表記となっている。つまり、この時点では、会津において、所領に関する単位は石高が使われていなかったのである。よって、現地の情勢に合わせて、まず銭による貫高で集計され、これを帳面上で石高に換算しているのに過ぎない。

中野等氏は『太閤検地』の中で、「換算された石高は年貢高と考えられる」としており、『氏郷記』に拠る四二万石という表記が、検地当初に何を指していたのかについては、なお検証が必要と考えられる。

さて、検地等の「仕置」、つまり統治は、伊達氏や最上氏あるいは南部氏以外は、会津諸郡については豊臣秀次、白川郡他は宇喜多秀家によって行われ、氏郷といえども自分の所領を自ら検地することは許されなかった。

ところで、氏郷の奥州への国替えは伊達政宗の監視と同時に、徳川家康への牽制という意味が含まれると考えられるが、俗に氏郷を出来るだけ畿内から遠ざけたいという秀吉の意図によるとされる。『常山紀談』では、転封について氏郷が「これで天下を望むべくもなくなった」と涙を流して嘆いたと書かれるが、はたして実際はどうだったのであろうか。

さて、「奥州仕置」の焦点である改易された大崎・葛西の仕置は、伊達政宗を先導として浅野長吉によって進められた。氏郷も「奥辺先駈」つまり、先鋒として八月十八日に大崎義隆の居城、中新田城《なかにいだじょう》（岩手県加美町）を接収、続いて古川城（宮城県大崎市）、岩手沢城（大崎市）と接収し（「伊達政宗記録事蹟考記」）その役目を果たしている。

その後、八月下旬に会津黒川に入った氏郷は、ただちに知行割を行ったとされる。『氏郷記』によると、重臣たちの配置については、白川（福島県白河市）に与力の関一政、須賀川（須賀川市）に同じく田丸具直、阿子ケ島《あこがしま》（郡山市）に蒲生郷成《さとなり》、大槻（郡山市）に蒲生忠右衛門、猪苗代（猪苗代町）に蒲生郷安《さとやす》、南山（鴫山城《しぎやまじょう》）（南会津町）に小倉孫作、伊南（久川城）（南会津町）に蒲生郷可《さとよし》、塩川（喜多方市）に蒲生頼郷《よりさと》、津川（新潟県阿賀町）に北川平左衛門となっている。

この内、二本松（二本松市）の明け渡しは、十月になってようやく行なわれたようであるが、二本松にはこの後十二月に浅野長吉が総奉行として入ることとなった。よって、阿子ヶ島の蒲生郷成が実際に二本松に移るのは、翌年の十月のことになる。なお、猪苗代の蒲生郷安を長沼に、町野左近助を猪苗代に再配置した（『氏郷記』）のもこの頃と考えられている。

そして、領国経営に乗り出そうとしていた矢先の天正十八年十月、「奥州仕置」によって大崎・葛西（宮城県北部〜岩手県南部）三〇万石に封じられた木村吉清の領地で、秀吉に

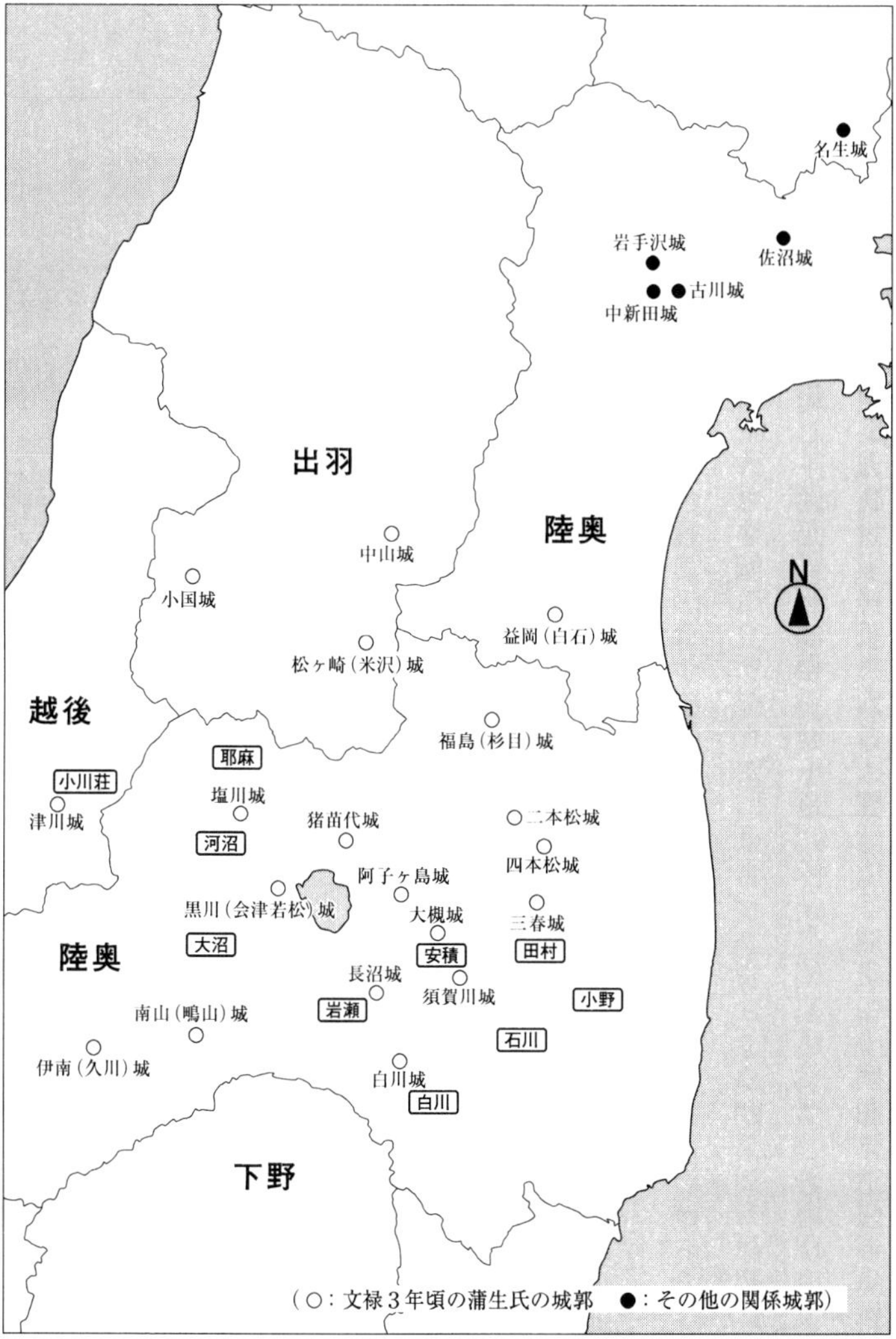
名生城
岩手沢城
佐沼城
古川城
中新田城
出羽
陸奥
中山城
小国城
益岡（白石）城
松ヶ崎（米沢）城
越後
福島（杉目）城
耶麻
小川荘
塩川城
津川城
猪苗代城
二本松城
河沼
四本松城
阿子ヶ島城
黒川（会津若松）城
大槻城
三春城
大沼
陸奥
安積
田村
長沼城
須賀川城
小野
南山（鴨山）城
岩瀬
石川
伊南（久川）城
白川城
白川
下野
（○：文禄３年頃の蒲生氏の城郭　●：その他の関係城郭）
会津周辺位置図

領地を没収された葛西晴信、大崎義隆の旧臣や農民たちが蜂起した「葛西・大崎一揆」が勃発した。

これに対し、伊達政宗は十月二十六日に出陣し、その際氏郷には待機するように連絡したが、氏郷は政宗の抜け駆けを案じ十一月五日に出陣した。それにもかかわらず、氏郷は二十日までに名生城《みょうじょう》（大崎市）を攻め取ったのち籠城し、以後「病」を理由に一揆の攻撃に参加しなかった。

一方、政宗は二十四日に佐沼城（宮城県登米市）に監禁されていた木村吉清親子を救出しており、氏郷は二十五日の書状でその功績を率直に評価した（『伊達家文書』）。ところが、二十八日に両者で取り交わされた起請文では、木村親子救出は「氏郷も政宗と同様の手柄を立てた」こととなっていた。（『伊達家文書』）。つまり、名生城籠城から政宗による木村親子救出までの間の不参戦は、明らかに氏郷の負い目であるにも関わらず、二十八日には事実と異なる内容の起請文が作られており、政宗の功績が半減する形へとすり替えられたのである。両者の間でどのような交渉が行われたかはうかがいしれないが、この件が、以後の両者の関係に強く影響を与えた点は明らかである。

この後、一揆との和睦がひとまず実現したが、氏郷は十二月になっても政宗への不信から名生城に籠城したままであった。これは、政宗の家臣須田伯耆《ほうき》により、氏郷暗殺計画の密告があった為と諸軍記は記す。その真偽は不明だが、『治家記録』や『氏郷記』には、名生城攻撃において氏郷勢と一揆の激戦が記され、『奥羽永慶軍記』には続いて起こる和《わ》賀《が》・稗貫《ひえぬき》一揆と南部勢の激闘が記されている。一方、伊達勢と一揆勢の戦闘を記したものは皆無なのである。和議による開城、あるいは伊達勢来襲の報を聞いた一揆勢の退散という内容にとどまる点は、まぎれの無い事実であり、疑念を持たれても仕方がないと思われる。

あくまで推論ではあるが、氏郷が、政宗と一揆と通じていることを知り、これをもとに政治的な駆け引きを持ち掛けた結果、氏郷の失策を消し、政宗の功績を下げる起請文の内容に落ち着いたのではなかろうか。そして、起請文の内容が政宗にとって不利な内容に書き換えられた点が、その後の両者の間に決定的な溝を作ったと考えられよう。

なお、これら一連の問題については、十一月二十四日付で氏郷から秀吉に対し「政宗別心（謀反）」と報告しており（「中村式部少輔宛　浅野長吉書状」）、これに対して奥羽の代官の立場にある浅野長吉は、家康と相談し出陣を要請した。秀吉自身は、政宗には「別心」は無いと断言しつつも、豊臣秀次と徳川家康以下の軍勢を派遣している。

ところが一転、氏郷から二十六日付で「政宗別心なき」の報（「和久宗是書状」）が届いたため軍勢を引き返させたのであった。

このように、氏郷からの報告を、そのまま了解したかに見える秀吉であったが、政宗に対する疑念はあったようで、「このような（政宗謀反の）風説が生まれないよう、政宗は早々の上洛が必要」と通告している。

さて、氏郷の名生城からの退去は、天正十九年（一五九一）元旦に、伊達家の重臣伊達成実《しげざね》と国分盛重、浅野長吉の家臣浅野正勝（仲介役とされる）を通行の安全保障とする形で実現した。その時も、当初氏郷が指定した政宗の叔父に当たる留守政景あるいは伊達成実ではなく、国分盛重を送ってきたために氏郷が応じなかったことなどが記録に残る。このように政宗の動きや長政、秀吉の反応に比べると、氏郷の安全保障への要求は、過剰とさえ思える。しかし同時に、現地の厳しい状況が伝わってくることも事実である。そう考えると、二十八日の起請文の一件は政治工作というレベルではなく、もっと緊迫した交渉の結果であったと考えられるのである。

一揆の鎮圧後、政宗は秀吉から召集され、天正十九年一月二十七日に清洲城で秀吉に謁見した。しかしこの際、秀吉から詰問などはなく、侍従に昇進し、羽柴姓を許されている。但し、官職が侍従に昇進しながら、位が従五位のまま昇進しなかったことに、秀吉が政宗の大崎・葛西での行動について、一定の疑念を持っていたことがうかがえる。

さて、時系列は少し戻るが、南部家臣で九戸城（岩手県二戸市）主九戸政実《まささね》は、南部家の相続争いに絡み南部本家と対立していた。時を同じくして、秀吉の奥州仕置により、大崎・葛西・石川・白川氏らの所領が没収され、多くの家臣たちも所領を失うことになった。その為、これに反発した一揆が各地で起きたことから、天正十九年春に九戸政実はそれらを糾合し、南部本家を打倒しようと試みたのであった。

当主の南部信直は自力での鎮圧をあきらめ、秀吉に窮状を訴え支援を仰いだ。その結果、秀吉は軍勢の派遣を決め、一番に伊達政宗、二番に羽柴会津少将（氏郷）、三番佐竹義宣《よしひろ》・宇都宮国綱、四番上杉景勝、五番徳川家康、六番豊臣秀次と定めた（「羽柴尾張中納言宛奥州奥郡仕置道行之次第」）。これにより、豊臣秀次を総大将とし、氏郷をはじめ秀次配下の堀尾吉晴、家康配下の井伊直政らが派遣されることとなった。しかし、伊達政宗は葛西・大崎への対応のため九戸出陣を免除となり、二番手である氏郷が、一番手として出陣することになった。

なお、この書状の最後の条項では、秀次に対し、「城の普請を進めつつ、郡の境界設定などを行い、会津に近い郡は氏郷に付けること」と指示が出ている〔史料5〕。一連の一揆鎮圧後、

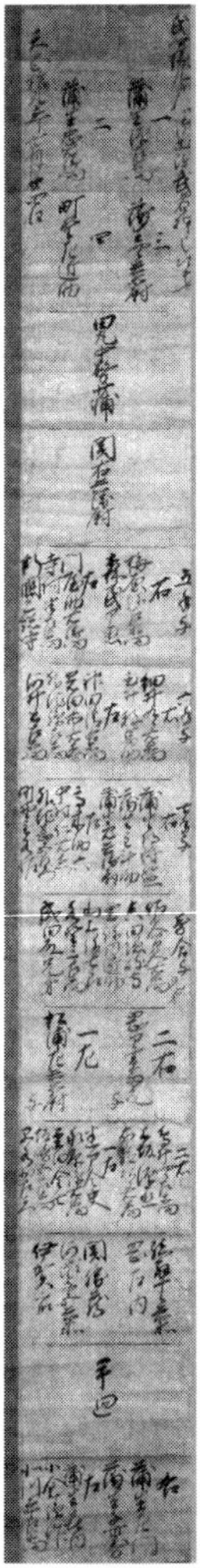

九戸出陣陣立書
（福島県立博物館蔵）

「奥羽再仕置」を行うべくその手順が整えられていた。

ところで、氏郷は出陣にあたり「法度条々（福島県立博物館蔵）」を定めており、興味深い内容が書かれている〔史料6〕。全体の内容については、『近江日野の歴史』第二巻等で解説されているため、ここでは、野営の際の陣所の造り方と武装の点に着目してみる。

まず、第十条において、「一、野陣においては、一夜陣たりという共柵をふるべき事」とあり、野営する場合には、例え一晩であっても柵を設置して陣城あるいはそれに類するものを構築していたと考えられる。柵の設置を「柵をふる」と表現していることも注目される。当然、その設置に必要な用材を運搬する必要があると考えられることから、大軍での長期にわたる行軍の困難さが想像できる。

次に第十六条には、「一、羽織猩々《しょうじょう》緋《ひ》の外はさしものさし候わぬもの曲事《くせごと》たるべし、付けたり、鑓印《やりじるし》一手〳〵思い〳〵の事」とあり、陣羽織を身に着けた武将以外の兵についても、個人レベルではなく、部隊レベルの識別用の旗指物の着装が厳命されている。一方、家名の判別に用いる「鑓印」については、各武将の判断にゆだねられており、識別対象が異なることがわかる。

また、第十七条には、「一、まえ立物同じごとくそろえらるべき事」とあり、兜の前面に装着する前立を揃えることが命じられている。前立も十六条の内容と併せて考えると、これも軍装の統一化と考えられる。通説では前立こそ個人の認識に用いられるものとされる。しかし、指物とも異なり「同じごとく」揃えるように示されており、あえて一条として書かれている点も含め、前立統一の重要性がわかるのである。但し、当時の他家の事例などから、すべての将兵が兜を身に着けていたとは考えられないことや、その対象がどういう立場の者かなどについては、この掟には記されていない。さらに、前立物の「同じごとく」という表現も、形状が類似すればよいという程度であるのかなど、詳細については今後さらなる検証が必要である。

さて、以上の二項目があえて示されている点から、見方を変えてみると、当時は指物を指さない者が居たことや、思い思いの前立が使用されていたと読み取ることができ、軍勢の大規模化により、その識別のために軍装の統一化が進められたと考えられる。

もっとも、この法度は九戸攻めに伴うものであることに留意が必要であろう。なぜなら、この合戦において氏郷は、豊臣秀次以下の連合軍の一軍として参戦する訳であり、単独の合戦ではないからである。単なる敵味方の識別だけでなく、複数の友軍との識別も必要であったであろう。

さらに第十一条には、「一、武者押の早さ太鼓次第たるべし、止め太鼓をよく聞き候て、田の中・川の中・橋の上たりという共ふみとまるべき事」とあり、行軍の速度や停止などの指示が太鼓で行われることがわかる。

伝蒲生氏郷所用　鉄製背負陣太鼓
（延岡市内藤記念館蔵）

氏郷ゆかりの太鼓と言えば、内藤記念館（延岡市）が所蔵する、全国的にも珍しい鉄製陣太鼓がある。これは、氏郷の孫にあたる忠知の正室が、当時、磐城平《いわきだいら》（いわき市）を治めた内藤政長の息女（松壽院）であったことに由来する。忠知死後、実家に戻った松壽院により、氏郷所用の陣太鼓として内藤家にもたらされたものなのである。なお、この太鼓には使用痕があることから、実際の行軍で使われたとも考えられるものである。

こうした軍法を定めた氏郷は、九月一日に二戸郡（岩手県）に入り、姉帯《あねたい》城（岩手県一戸町）、禰曾利《ねそり》（根反）城（一戸町）の二城を攻めている（「長束正家宛　浅野長吉書状」）。

その時の様子は、『会津四家合考』などの軍記物には次のようにある。

先鋒の蒲生源左衛門、蒲生忠右衛門の軍勢が攻めたところ、城兵はたちまち敗れ、搦手から脱出をはかった。すると、それを待ち受けていた関右兵衛（一政）が、ことごとく討ち取り、姉帯の急を聞いて駆けつけた禰曾利の兵も田丸勢に討たれたという。続いて田丸勢が逃げる敵兵を追って禰曾利城に押し寄せると、敵は城を捨てて逃げたとされる。

さて、九戸城の攻撃開始は九月二日で、攻撃には南部勢はもちろんのこと、出羽から小野寺義道、戸沢政盛、秋田実季《さねすえ》、由利衆、さらに津軽から大浦為信が参陣し、総勢六万余とされる。これに対する九戸勢は五千余人であったという。四日夕方になり、「降伏すれば許す」という勧告に従って城は開城されたが、その約束は果たされず、秀次のもとに妻子とともに送られた九戸政実は、斬首となったのであった（「浅野家文書」）。

氏郷は、落城後ただちに九戸城を南部家の居城とすべく改修に入り（「浅野家文書」）、改修ののち南部信直に引き渡している。開城後に即日改修を始めたと考えられ、しかも石垣

氏郷が改修したと考えられる九戸城本丸南部の石垣

を築いていることから、当初から石工なども伴った行軍であったことがうかがえる。よって、この戦は秀吉の威信をかけた合戦であり、政治的な宣伝も兼ねたものであったと考えられる。

この氏郷の改修により、九戸城は元々の九戸城のプランである、旧地形の制約を受けた曲線的な塁線の曲輪で構成された部分と、新たな石垣構築に伴い直線的に改修された部分が並存する城となった。つまり、東北地方の中世の城と、近畿地方の織豊系の城の双方の特色が見られることになったのである。

信直は、改修された城の名を「福岡城」と改め、南部家の本拠地とし、その子利直が盛岡城に本拠を移す寛永十三年（一六三六）まで使用されたのであった。

天正十九年九月、奥州の再仕置が行われ、氏郷は旧伊達領であった田村（三春町）・塩松（二本松市）・伊達（伊達市）・信夫《しのぶ》（福島市）・刈田《かった》（刈田郡）・長井（長井市・米沢市）を加えて計七三万四千石を領することになった。

これにより、奥州で随一の石高を有する大名になるとともに、奥州に唯一配された豊臣政権譜代とも言うべき武将として、さらには秀吉の名代として、奥州の諸大名および関東の徳川家康の抑えとなることを一層強く求められることとなった。

氏郷は、十月十三日に黒川城に帰還し、功労に応じて知行割りを行なったとされる。この時、どの武士にも過分の知行割を行なったために、氏郷の蔵入地がわずか九万石になってしまい、老臣の助言でやり直したという逸話が残る(『氏郷記』)。

翌、天正二十年(一五九二)頃、氏郷は、故郷である近江日野の「若松の森」にちなんで、地名を「黒川」から「若松」に改称したとされる。また、黒川城の改修に着手しており、『徳川実記』には、徳川家康が広島城を参考にするようアドバイスしたとある。

実際のプランにそのアドバイスが用いられたかは不明だが、城は低い丘陵を中心にして本丸を置き、これを内掘で囲み、東に二の丸、その外側に三の丸を構えたが、いずれも不整形であり、中世ここを本拠とした芦名氏の黒川城のプランが流用されたことがうかがえる。

本丸の北と西側には馬出である北出丸と西出丸を置き外堀で囲んでいた。天守は五重七

伝蒲生氏郷陣跡（佐賀県唐津市）

層で、豊臣色の強い黒い外観であったとされ、金箔瓦が用いられていたことが発掘調査の結果明らかとなっている。また、天守については、『会津旧事雑考』には、秀吉の肥前名護屋城を模したとある。

さらに武家居住地である郭内は、東西約二km、南北約一・八kmの規模で、周囲を幅一五〜一七m、深さ二・四〜三mの堀で囲まれ、一六の門で郭外の町人居住地へとつながっていた。城は文禄二年（一五九三）ごろ一応の完成をみたというが、秀吉の野心は氏郷たち諸大名に領国経営に専念する時を与えなかった。

この年、豊臣秀吉は、全国の大名に「唐入（朝鮮出兵）」を命じ、諸大名は正月から肥前名護屋（唐津市）に向けて軍を進めた。

秀吉の本陣である名護屋城は、玄界灘に突き出た波戸岬の標高約九〇ｍの丘陵を中心に築かれていた。総石垣造りで、金箔瓦を葺いた五重天守や御殿、十基を超える櫓、茶室、能舞台も備えたもので、その規模は約一七万㎡におよぶ当時最大の陣城であった。

その周辺には、渡海部隊一五万八千人余、留守部隊約十四万人とも言われ、七年間にわたり駐屯した諸大名の陣所が築かれており、その数約百二十カ所と言われる。これら諸将の陣屋は、二〇〇〇〜三〇〇〇㎡の規模で、御殿や一部には茶室、能舞台が建てられたものもあった。

氏郷の陣跡と伝えられる遺構は、ほぼ全周が谷状の地形に囲まれた半独立丘陵に築かれており、耕地化による改変が見られるものの、九五×一六〇mの範囲に曲輪と考えられる平坦地が残っている。

さて、秀吉は明国の参戦や朝鮮各地での組織的な反撃による戦局の悪化を受け、文禄二年三月に自ら朝鮮へ渡ることを計画する。

三月十四日付けの伊達政宗の書状によると、二十日頃に前田勢の乗船予定が組まれており、乗船順の一番は浅野幸長で、それに伊達政宗が同行し、二番が前田利家と蒲生氏郷、三番が徳川家康で、関東の諸大名をはじめ越後の上杉景勝も残らず渡海することになったとある。

こうして計画された氏郷の渡海は、朝鮮半島南部、慶尚道の要衝である晋州城攻略のための大規模な攻勢計画に基づくものであった。三月十日付けで秀吉が定めた攻撃計画書「もくそ（牧使）城とりまき候衆他覚」（『浅野文書』）には、晋州城を攻囲する軍勢として「一、千五百人　羽柴会津少将」とあり、氏郷が千五百の軍勢を率いて出陣することとなっていた。

その後、現地の戦況の変化により、渡海は取りやめになり、氏郷が朝鮮へ渡ることは無かった。一方、伊達政宗や上杉景勝など、一部の大名は予定どおりに派遣されていることから、氏郷の渡海中止は、あくまで作戦変更で生じた偶然の結果であろう。

なお、氏郷が動員した総数は不明だが、百十二万石（うち軍役は八九万石）を領する毛利輝元が総数三万の内、もくそ城攻めに二万五千人が割り当てられたことなどに比較してみると、千五百という数は、かなり少ないことがわかる。さらに、「同覚書」に記された山形の最上義光は、氏郷勢に組み込まれる形で三百人の動員であり、九戸の南部信直は、前田利家勢に組み込まれる形で百人と、いずれも石高に比較してかなり少ない。

中野等氏は『太閤検地』の中で、知行石高百石あたり二・五人あるいは五人を基準とする軍役が課せられるものの、その基準は整理されていないと述べている。恐らくこうした基準に加え、所領との距離などによる減算が行われたということではなかろうか。

但し、この時点で氏郷の所領の正確な石高や、賦課された軍役が不明である以上、あくまで推測の域を出ない。

さて、この年の秋には氏郷は京に戻っており、十月二日に浅野弾正（長吉）邸で行われた演能において、三番目の能「誓願寺」を演じている。これは、秀吉が主催する御所での演能（禁中能）のリハーサル的なものと考えられている。

本番である禁中能は、十月五、七、十一日の三日間開催され、氏郷は初日のトリで「鵜羽」のシテ（主役）を演じる予定であった。これは降雨の影響で中止となったが、二日目には四番目の能「鵜飼」のシテを演じ好評を得ている。これについては後述する。

その後、十一月二十四日に会津に帰国したものの、翌文禄三年（一五九四）二月八日には再び上洛しており（『会津旧事雑考』）、二月二十五日には秀吉が開催した吉野の花見に同行している。

四月十四日には伏見邸に秀吉の「御成《おなり》（訪問）」を受け（『駒井日記』）、二十二日から秀吉の有間温泉への湯治に随伴している。また、文禄二年頃、息女を前田利家の次男で、能登一国を与えられた前田利政に嫁がせており（『氏郷記』）、豊臣政権の重鎮としての地盤強化を図っていたことがうかがえる。

さらに、十月二十五日には京屋敷に二度目の「御成」を受けている（『駒井日記』）。

これは、秀吉をはじめ徳川・前田・池田・伊達ら諸大名と勧修寺《かじゅうじ》・菊亭といった公家衆五十名、諸大夫平侍四百五十名が出席した盛大なものであった。またこの日、「従三位参議（宰相）」に昇進しており（『晴豊公記』）、以後、「会津宰相」と称されるようになる。

また、この年に再び行われた検地によって、蔵入地（氏郷の直轄領）二六万一千石余、家臣領六五万七千石余の総計九一万九三二〇石となり（『蒲生領高目録』）、徳川家康、毛利元就に次ぐ石高を誇る大名として、氏郷の栄華が極まったかに思えた。

しかし、名護屋在陣中には下血の症状が見られ、御成のあった頃にはかなり病状が悪化していたのであった。これを案じた秀吉が、利家と家康に命じ医師を派遣させ、その後当代きっての名医である曲直瀬玄朔《まなせげんさく》に病状を尋ねている。これに対し、玄朔は、「十の内九まで危ないが、一つの救いは若さと食欲があることである。食欲が落ちて気力も衰えたら、大事になる」と答えている（『医学天正記』）。

そうした絶望的な状況の中でも利家は治療を命じたが、食欲、気力ともに衰えていった結果、文禄四年（一五九五）二月七日に京で死去した（『氏郷記』）。享年四十歳。

死因は、玄朔の『医学天正記』に書かれた病状から、大腸ガンと考えられているが、毒殺説も多くささやかれた。

大徳寺黄梅院　蒲生氏郷墓所

興徳寺　蒲生氏郷供養塔

信楽院　蒲生氏郷遺髪塔

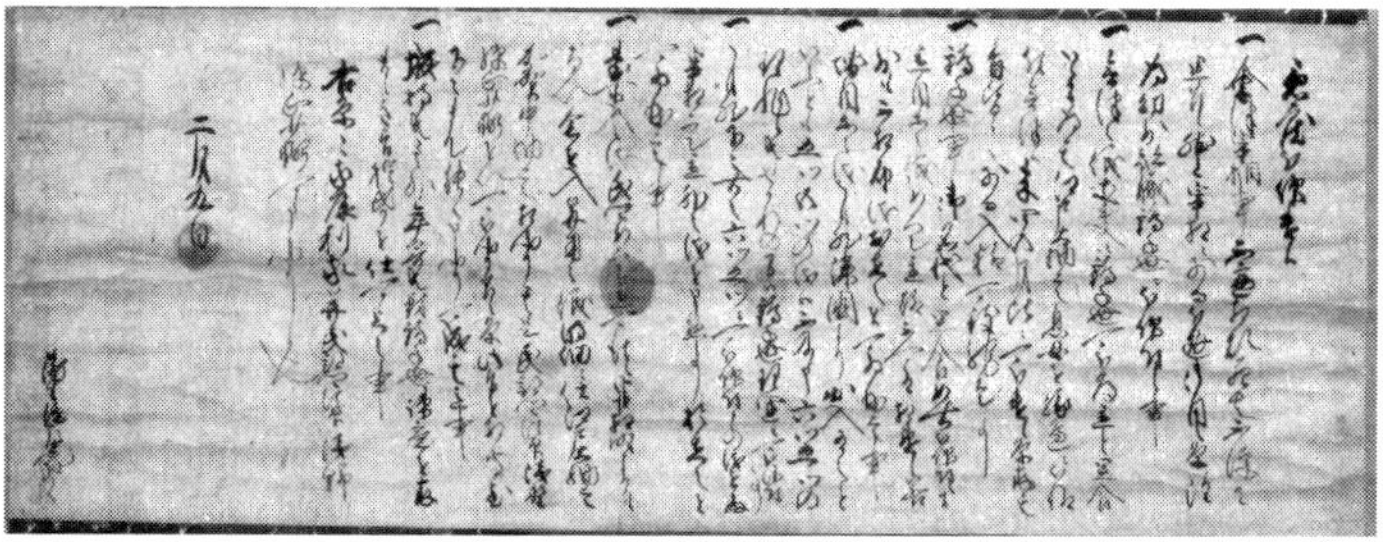

豊臣秀吉朱印状（福島県立博物館蔵）。蒲生重臣宛、７カ条の命令。

辞世の句は「限りあれば　吹かねど花は　散るものを　心短き　はるの山風（『氏郷記』）」と伝わり、戒名は「昌林院殿前参議従三位高巌忠公大禅定門」とされる。

遺体は京の大徳寺に埋葬され、後日、昌林院という塔頭が建立された。また、遺髪は会津に送られて興徳寺に埋葬されるとともに、日野の信楽院《しんぎょういん》でも供養されたという。

なお、蒲生氏断絶後、昌林院が廃絶したため、墓所は明治二十二年（一八八九）に隣接する黄梅《おうばい》院に移され現在に至る。

氏郷の死は、豊臣政権にとって奥羽の抑え、徳川家康への抑えが弱まることを意味した。何より、譜代とも言うべき大大名の死である。蒲生家だけではなく、秀吉にとっても大問題であったことは間違いなかろう。

秀吉は、二月九日付で会津の蒲生郷成ら重臣に宛てて書状を送っている。それは、鶴千世（のちの秀隆・秀行）の後継問題など七カ条の命令を出したものである。そこには、重臣達が幼い鶴千代を盛り立て統治に当たること、鶴千代と徳川家康の息女を婚約させることなどの他、第六条には家康・利家が財政上の後見となることが記されている。さらに、末尾に「全七か条は家康・利家らの責任の下で命令する」とあるように、豊臣政権の監視の下で、ひとまず十三歳の鶴千代に相続が認められたのであった。

ところが秀吉は、氏郷没後に会津で行われた検地に基づき、重臣達から五月に提出された「会津知行目録」についてて不審をいだき、一転して蒲生家を改易することとした。そして、鶴千代には当分近江において、堪忍分として二万石を与えようとしたのである。

これに対し、前田利家や徳川家康が秀吉の説得に尽力した結果、六月二十一日にこの改易処分は撤回され、鶴千代は七月十三日になって初めて会津に入城したのであった。

しかしそれは、秀吉の命を受けた浅野長吉を伴っての事であり（『会津舊時雑考』）長吉によって会津の掟が定められるなど、秀吉政権の管理下に置かれたに等しい状況であった。

さらに、氏郷の求心力によってまとめられていた家臣団にも、崩壊の兆しがこの後すぐに現れることとなる。家中の取りまとめを秀吉から命じられていた家老の蒲生郷安が、対立した綿利《わたり》良秋を殺害する事件が起き、それが秀吉の知るところとなったのである。

その結果、鶴千代の処理能力に疑問を持った秀吉は、鶴千代を宇都宮（栃木県宇都宮市）

に移し、越後（新潟県）の上杉景勝を会津に入れることに決め、慶長三年（一五九八）一月十日、景勝に伝えた（『上杉古文書』）。これにより景勝は一二〇万石を領した一方、秀行は九二万石から一九万石へと大幅に減封となったのであった（『当代記』）。

関ヶ原合戦ののちの慶長六年（一六〇一）九月、秀行は六〇万石で会津若松に返り咲いて、二男一女をもうけたが、慶長十七年（一六一二）五月、三十歳で早世する。その二人の子、忠郷、忠知も嗣子なく病死し、寛永十一年（一六三四）、ついに蒲生家は断絶したのであった。

蒲生氏郷像（西光寺蔵）

第二章　武人伝説

氏郷は猛将であったと伝わる。それは、『氏郷記』など軍記物の影響が大きいと思われるが、実際に数多くの合戦に参加し功績を立てたことは、前章で述べたように明らかである。よって、その戦いぶりが軍記物だけでなく、各地に伝説を残すこととなったとしても不思議は無い。この章ではそうした伝説と史資料を照合することで、武人氏郷の姿を追うこととする。

猛将伝説の始まり――「ガモジ」が来た

近年次第に使われなくなっているが、西日本を中心に、子供が悪いことをしたときに「ガコゼ」や「ガゴ」、「ガモ」などの言葉で戒める風習がある。この言葉については、ご当地バージョンと言うべきものが多くあり、例えば滋賀県犬上郡や愛知郡において「ガオー」、三重県亀山市や四日市市の一部地域では、「ガモジ(イ)」という言葉が伝わっている。その語源については諸説あるが、主なものは次の二つの説が挙げられる。

まず、平安時代初期に書かれた『日本霊異記《りょういき》』に記されたもので、飛鳥時代に奈良の元興寺の鐘楼に出た人食い鬼を、童子(後の道場法師という僧)が退治したという説話に基づくものである。この時、道場法師が鬼を退治した時の形相を「元興神(ガゴゼ)」と称しており、これを語源とする説である。もう一つは、それ以前から「ガゴゼ」の伝説があったとするものである。柳田國男は『妖怪談義』で、「中世において、化け物が、「咬もうぞ」と言いつつ現れた時代があったらしいことから、この声をより恐ろしく聞こえるようにするためk音をg音に変え、(後略)」としており、化け物が叫ぶ「カモウゾ」の「カ」の部分が、より恐ろしいインパクトを与えるように「ガ」となったと解説している。

このように語源には諸説あるものの、前述したように、この一種と考えられる「ガモジ(イ)」という言葉が、三重県北部の一部に残り、「ガモジ(イ)が来る」という使い方が伝わっているのである。別に「ガモ・ガモウ・ガモダの子取り」などとも言われるが(『亀山市史民俗編』)、実は「ガモジ」という言葉が、単に恐ろしいものを指すだけではなく、羽柴秀吉の亀山侵攻において先陣を切った「蒲生氏郷」を指すと伝えられているのである。

では、伝説の通り「ガモジ」が「氏郷」を指すとすれば、どの合戦のことをいうのであろうか。秀吉、氏郷、亀山というキーワードから考えると、それは天正十一年(一五八三)と十二年(一五八四)の合戦であった可能性が高い。

これらの合戦については前章において概要を述べたが、ここで改めて両合戦についてまとめておく。

天正十一年(一五八三)正月、柴田勝家についた伊勢長島の滝川一益が、羽柴秀吉に対し挙兵した。

この時、亀山の関盛信・豊盛(一政)父子は、秀吉に年始の挨拶のため上洛しており、亀山城を留守にしていた。滝川一益はこの隙を狙い亀山城、国府城、鹿伏兎城、峯城など、関氏関係の城郭を次々と攻め落とした。この時、峯城は一益の甥である滝川益重が落とし、そのまま守将となった。

これに対し秀吉は大軍を擁し、近江から鈴鹿山脈を越える複数の峠道を使い、北伊勢地方に侵攻することとした。その先鋒として安楽越で羽柴秀長・筒井順慶・蒲生忠三郎(氏郷)

らが派遣され、峯城を包囲したのである。その結果、四月中旬に兵糧が尽きて落城したのであった。

この時の様子について、天正十一年二月二十八日付「羽柴秀吉書状写」(『近藤文書』)〔史料7〕には、秀吉勢が、峯城や亀山城、国府城、桑名城、谷山城を攻撃していることが記されており、峯城攻めの軍勢には、確かに「蒲忠三(蒲生忠三郎の略)」が参戦している。そしてこの時、桑名城と谷山城は放火され、峯城は塀まで埋められたうえに放火されている。さらに亀山城に至っては城下や端城(砦)が放火されただけでなく、普段は鉱山の採掘に従事する金掘衆《かなぼりしゅう》を使い、櫓を掘り崩すなど大規模で激しい攻撃が加えられていた。

翌天正十二年にも、関盛信の援軍要請を受けた秀吉により、敵対した織田信雄の家臣である佐久間信栄が籠る峯城攻撃に、前年と同じく安楽越で氏郷らが派遣されている。秀吉が関一政に宛てた「天正十二年三月十二日付、羽柴秀吉書状写」(『関文書』)〔史料8〕には「蒲飛(蒲生飛驒守の略)」らが、亀山城の「関兵衛(豊盛・一政)の元に来援したことが記されており、その結果、関親子の奮戦もあり、わずか数日で峯城を落とすことに成功している。

このように、天正十一年と十二年の戦は、敵対勢力や原因が全く異なるにもかかわらず、いずれも亀山一帯、特に峯城周辺が激戦地となっているのである。しかも氏郷は、どちらの合戦にも秀吉軍の先鋒として峯城を攻撃していることが共通点として挙げられる。

つまり、秀吉勢は、関氏の援軍であるにせよ、敵方となった峯城を二年連続で、ほぼ同時期に攻め、付近に焼き討ちなどを行ったのである。これに付近の人々が恐れを抱いたとしても当然の事であろう。そして、関氏の姻戚として元々知られていた「蒲生氏郷」が、その代表格の武将として、人々の心に植え付けられたとしても不思議はない。

とは言え、「ガモジ」はあくまで伝説である。実際に「氏郷」と結びつくのであろうか。

そこであらためて「ガモジ」伝説の分布範囲を確認してみよう。

『亀山市史民俗編』にはその伝説がある地として、「三重県亀山市の下庄町弘法寺、川崎町徳原、太森町太田、田村町田村、白木町上白木ほか」としている。

また、『四日市市　四郷地区ふるさと方言録』では、四郷地区（四日市市）にも「恐ろしい怪物」を意味する「ガモジ（イ）」という方言が紹介されており、これは「蒲生氏郷」を指すと伝えられている。また、津市河芸町南黒田では「ガモウ」として伝わり、天正十二年に氏郷が秋葉城（津市）を攻めたことに由来するという（『三重県史　別編　民俗』）。

これ以外にも、菰野町《こものちょう》（三重県三重郡）や、伊勢と近江との国境で廃村となった茨川《いばらがわ》（滋賀県東近江市）でも「ガモジ」という言葉が伝わっている。但し、菰野町の「ガモジ」は、「氏

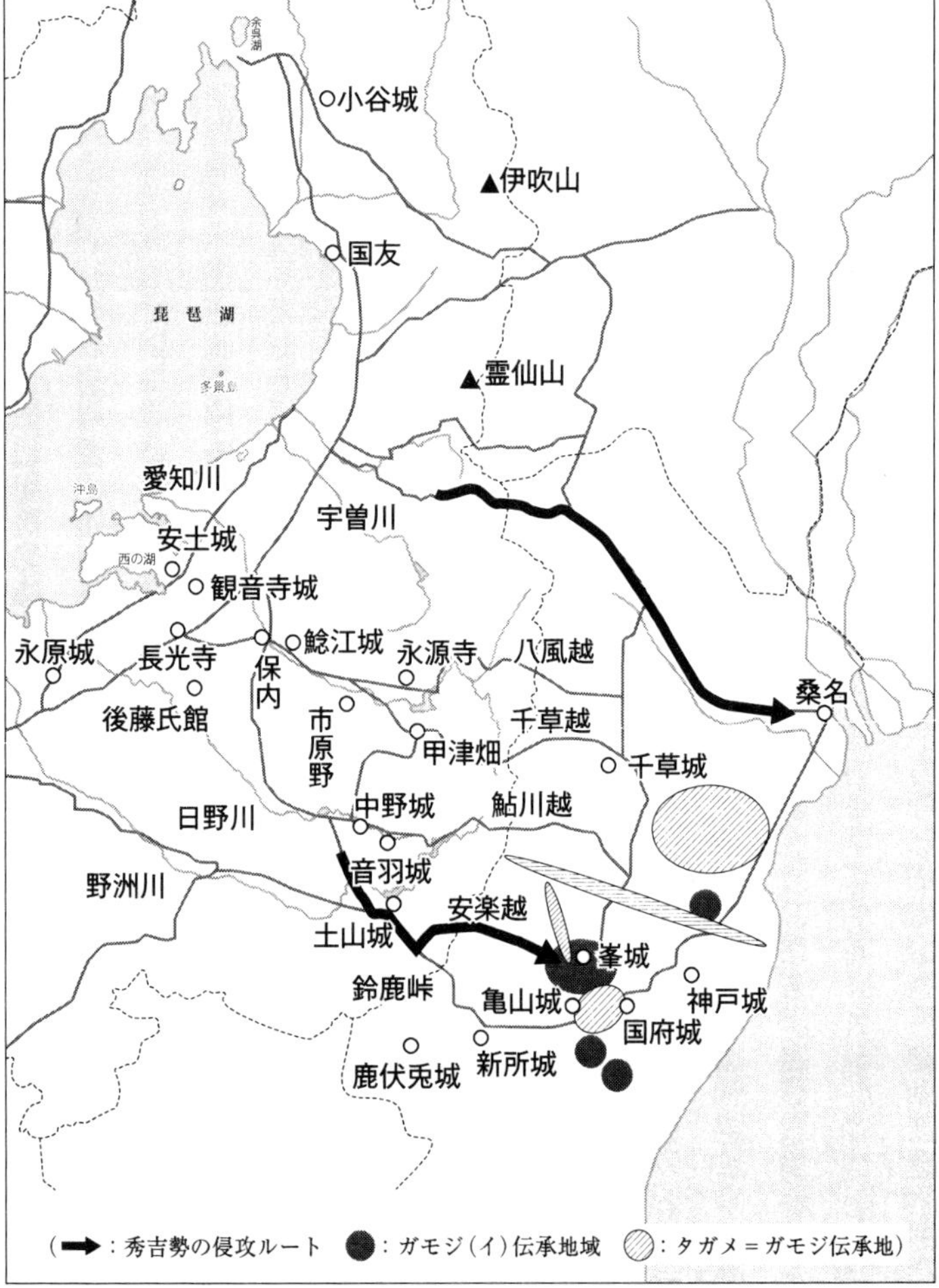

秀吉勢の侵攻ルートとガモジ伝説の範囲図

郷」ではなく父である「蒲生賢秀」を指すと伝わり、茨川の「ガモジ」は、単に「蒲生氏」を指すと伝わるため、本稿では「氏郷」を指すという伝承をもつ亀山市と四日市市の例に絞って検証を進める。

すると興味深いことに、その伝説の分布範囲は、氏郷を含めた秀吉勢が攻撃を行った「峯城」および「国府城」一帯と、「峯城から桑名城へ通じる街道沿い」であることがわかる。つまり、「ガモジ」の分布範囲は、氏郷や秀吉勢が峯城を攻囲した範囲、その後の桑名城への侵攻ルートと考えられる道筋と重なるのである。

また、「ガモジ」については、歴史とは異なる分野で、次のような伝承も残っている。それは、水生昆虫の「タガメ」のことを「ガモジ」と呼ぶ方言である。この言葉が伝わった範囲は、鈴鹿郡井田川地区（鈴鹿市）、鈴鹿郡東部（鈴鹿市・四日市市）、御幣川《おんべがわ》及び内部川《うつべがわ》流域（鈴鹿市・亀山市）に残るものであり、やはり前述した秀吉勢の侵攻ルートと重なる。これは、時には魚や蛇まで捕食することがある「タガメ」を恐ろしいものとして「氏郷」に例えた結果と考えられる。

さらに、こうした言葉以外にも興味深い伝承が、峯城近くの寺院に残っている。それは、峯城の西方約八〇〇ｍに位置する辺法寺《へんぼうじ》不動院（亀山市）に伝わる、旧本尊として大切に護られている「不動明王像残欠」に関する伝承である。

それは、天正十一年に秀吉勢が安楽越で峯城を攻撃した時のことである。その時、不動院は戦火により焼失し、本尊の不動明王は打ち壊されて橋板の代わりにされたというものである。この伝承は、あくまで「秀吉の軍勢」によるというものであるが、ここでも「ガモジ(イ)」という言葉とともに伝えられているのである。

秀吉勢への恐怖心が、その先鋒であった「氏郷」の姿を借りて、さまざまな形で北伊勢地方、特に峯城近隣の地域の人々の記憶に刻まれ、伝説となっていったと考えられる。

一方、残された史資料から、恐れられたのは漠然とした「秀吉勢」を指すのではなく、氏郷勢あるいは氏郷個人を指したと考えられる点もある。それは、前章で述べたように、氏郷の没後も「飛騨守」として、他の武将の記録や伝承に登場し続けている点である。それは何を意味するのか。

恐らくそれは、飛騨守を称した当時の氏郷の戦いぶりを見聞きした人々によって、「猛将氏郷」として徐々に広まって行ったということを示しているのであろう。

では次に、当時、敵として戦った武将の記録からその姿に迫ってみよう。

不動明王像残欠推定復元図（『亀山市史』文化財編より転載）

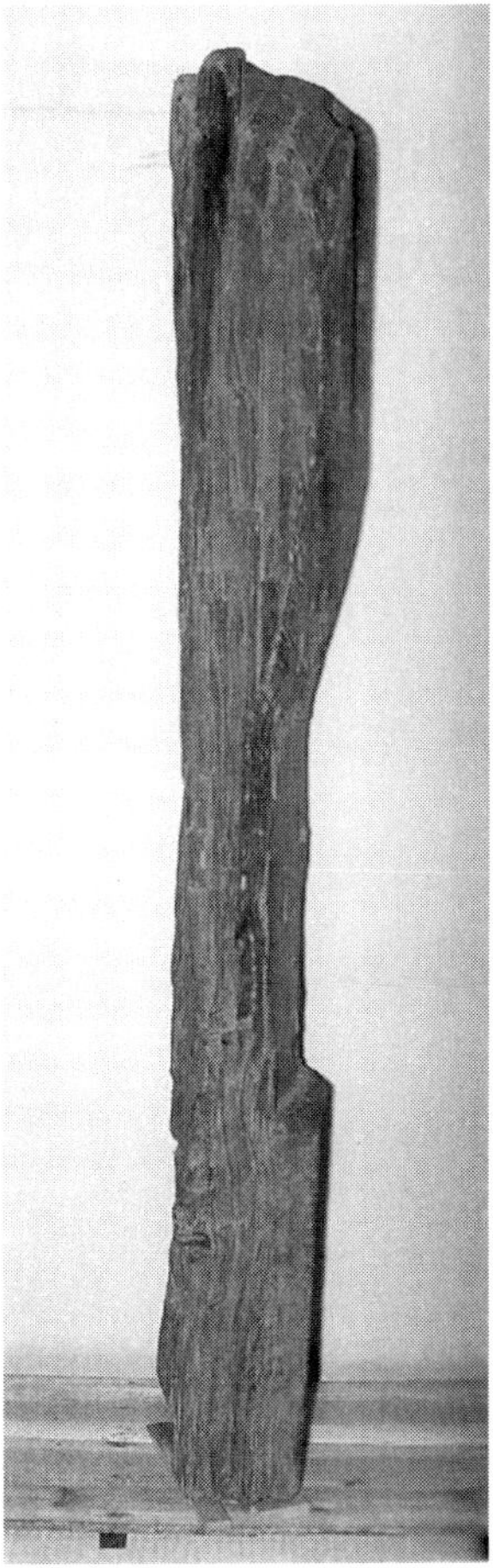

不動明王像残欠（不動院蔵）

コラム

氏郷と不動院の結びつき

寺伝によると、辺法寺不動院（真言宗）は、延暦十五年（七九六）に、弘法大師が不動明王像を作り、草庵を結んだことに始まる。その後、建久年間（一一九〇〜九八）に、藤原（伊藤）景清が改修したとされる。

藤原景清とは、平家方の武将であり、都落ちに従ったことから「平景清」とも言われる武将である。全国各地に伝説を残しており、滋賀県でも湖東地方の「景清道」や、「景清の背比べ石」（桑実寺・近江八幡市）などが知られる。

景清の伝説の中で有名なものに、『平家物語』巻十一「弓流」がある。それは、敵である源氏方の美尾屋十郎の甲冑の錣《しころ》を素手で引きちぎったという「錣引き」の逸話である。

その逸話に由来する「シコロヒキ」という楽長次郎作の黒楽茶碗が今日庵に伝わるのをご存知だろうか。これは、千利休が所持したと伝えられる茶碗で、高台に利休の花押があるものである。のちに京で売りに出されたところを千宗旦の弟子が手に入れ、宗旦が銘を付けた事が外箱に記されている。

そして、売られる前の所有者こそ「蒲生氏郷」なのである。

無論これは偶然のことであろうが、不動院を接点として、時代が異なる「景清」と「氏郷」が結びついたのはまぎれもない事実である。こうした思わぬ偶然の一致に巡り会うことも、歴史に触れる「面白さ」の一例と言えよう。

辺法寺不動院本堂

コラム

敵将は語る

「(前略)富永主膳正重吉先年北條氏康氏政より授けし感状腰刀。并にその身分取せし蒲生飛驒守氏郷が鑓を御覧に備ふ」(『徳川実記』)

これは、旧北条家臣で、のちに徳川幕府旗本となった富永重吉《しげよし》が、寛永三年(一六二六)二月に、時の将軍徳川家光に拝謁した際の記録である。ここには重吉が、元の主君である北条氏康・氏政親子から受けた感状や刀とともに、「蒲生飛驒守氏郷」から奪ったとする「鑓」を披露したことが記されている。

川崎市戒翁寺境内に残る「殿様の墓」。右端より氏郷から槍を奪った富永重吉墓、三男師勝墓、室墓、長男重師墓が並ぶ。

前章で述べたように、『関八州古戦録』などには、天正十八年五月三日に太田氏房が氏郷の陣へ夜襲をかけており、その際、氏郷が長鑓で戦う場面が記されている。

その際であるのか、あるいは乱戦の中で重吉がどのようにして鑓を奪ったのかということなどについては知る由もないが、何より興味深いのはこの記録の日付である。

この記録は、氏郷没後三十一年、鑓を奪ったと考えられる天正十八年から三十六年を経ており、当時の蒲生家は氏郷の孫である忠郷が当主となっていた。

こうした状況にもかかわらず、敵として氏郷と戦い、彼から鑓を奪ったことだけでも、徳川家の正史に記される内容であったということが驚きである。言い換えるなら、氏郷と同時代の武将にとって、彼と戦い勝つこと、あるいは勝ちに等しい功績を挙げることが、武将としてのステータスシンボルとなることを示すと同時に、例え当時を知らない将軍に対しても、手柄話として通じたことを示している。

そして、この逸話においても「飛騨守」という官職名が、氏郷の代名詞のように使われ、しかも「武勇」を表すものであった点が重要である。

さて、以上の内容は、当時や後世に関わらず、そもそも他人の評価によるものである。では次に、氏郷本人は、武勇についてどのように考えていたのであろうか。点数はごくわずかであるが、氏郷本人の気性がわかる史資料を見てみよう。

史資料に遺された武将氏郷の気性

軍記物という性質上、当然のことではあるが、『氏郷記』などには、さまざまな場面で活躍する氏郷の姿が記されている。

例えば、天正十二年に伊勢に移った直後から行われた木造氏との攻防の様子を見てみよう。

天正十二年九月十五日、氏郷勢は管瀬《すがせ》（三重県津市）で木造勢と合戦を行った。その夜、松ヶ島城で月見の宴をしている最中に、木造勢の来襲を知らせる鉄砲の音を聞いた氏郷は、小雲雀という馬に乗りまっさきに飛び出し、退却する木造勢を追撃して激戦を交えたとされる。そして、ちょうどその夜は満月であったので、氏郷が着けた「銀の鯰尾《なまずお》の兜」は、良く目立ったために狙撃され、のちの調べで三カ所被弾していたという。

この氏郷の奮闘などにより氏郷勢は木造勢を圧倒、主な敵兵四十数名を討ち取ると、その後は木造勢の目立った動きは無くなったとされる（『氏郷記』）。

一方、最前線に身をさらす氏郷の行動については、「氏郷は軽率な大将で、運よく敵に勝っただけだ」と揶揄するものもあった（『勢州軍記』）。

また、天正十八年の小田原攻めの際には、出陣に先駆けて大将を示す馬印《うまじるし》を、それまで使用していた熊革を棒に巻いた「熊の棒」から、佐々成政が使っていた「金の菅笠三階」に改めることを秀吉に求めて了承されたと言う。

さらに、成政の武名を知る人々がその馬印を使うことをためらうなか、氏郷は「面白い」と思ったとある。〔史料9〕

これらは、あくまで『氏郷記』に記された内容であるが、内藤記念館（宮崎県延岡市）には、蒲生氏郷所用とされる「三階笠馬印《さんがいがさうまじるし》」が所蔵されている。これは、氏郷の孫で伊予松山藩主であった蒲生忠知の正室「松壽院」が、磐城平藩主内藤政長の息女であったことに由来する。忠知の没後、蒲生家は改易となり、「松壽院」は実家に戻ることとなった。その際に内藤家にもたらされたものの一つであり、氏郷所用の馬印として伝えられている。

伝蒲生氏郷所用　三階笠馬印
（延岡市内藤記念館蔵）

このようなことから、『氏郷記』に書かれたようなエピソードが、実際にあったとしても不思議はなく、氏郷自身が「武勇」に思い入れがあったという一例と言えよう。

ところで、『氏郷記』の内容と比べると、伝来した馬標には金箔が張られていない点が、大きく異なる。これについて他の史資料によっては、成政の馬印を「三階菅笠」とのみ記すものや、白色となっている絵図なども見られるため、元々金箔張でなかったとも考えられるのである。とするならば、内藤家に伝来した馬印が、氏郷所用である可能性は十分あり得よう。

同館にはこれ以外にも陣太鼓と伝わる五点の金銅太鼓が、氏郷所用として伝わる他、氏郷所用の写とされる軍配団扇が伝わっている。これらは、氏郷ゆかりの品として、猛将氏郷の気質を伝える品であると言えよう。

さらに、点数は限られるが、氏郷自身が残した文言から、武人としての氏郷に直接触れることができる書状が残っている。

それは、天正十八年に起こった大崎・葛西一揆に際しての書状である。十月二十六日に伊達政宗は一揆鎮圧に出陣しており、氏郷には待機するように連絡したことは前章で述べた。この手順自体は、事前に氏郷と政宗との間で取り決められていたことから何ら問題はない。

ところが氏郷は、政宗の抜け駆けを案じたとされ、雪の中を十一月五日に出陣したのであった。その時、奥州における秀吉の代官であった浅野長吉宛に十一月九日付で書状を送っている（『伊達家文書』）〔史料10〕。その中で、「援軍である徳川家臣の榊原康政ら関東勢が到着するまで何もしないのは、男もならぬ」と訴えているのである。「男もならぬ」とは「面目が立たない」という意味と考えられ、「誇り高い武人氏郷」の気性を見ることができる。また、それと同時に、奥州における豊臣秀吉の名代として、伊達政宗をはじめとする奥州の大名や、徳川家康に対する自身の立場を強く認識していることもわかる一文と言えよう。

鯰尾兜の謎

武将が使う武具・甲冑は単なる実用品としてではなく、その形や装飾などにおいて武将個人の思想や趣味・趣向が大きく反映されるものである。

現存する点数は限られるが、氏郷の武具・甲冑にもそれが当てはまると思われる。

この内、氏郷所用として現存している兜については、次の二点が知られている。一つは日野の菩提寺である信楽院に伝わる桃形兜であり、初陣の際に着用したと伝わるものである。

もう一点は、盛岡に伝わる「鯰尾兜」（岩手県立博物館蔵）である。「鯰尾兜」は、文禄三年に氏郷の義妹（諸説あり）である於武《おたけ》の方が、「南部利直」に輿入れするときに引出物として持参したといわれるものである。

高さ六五cmにもなる雄大な兜であり、丹念に塗り重ねた黒漆が重厚さをかもしだす優品である。注目すべきは、鉢の上に付けられた張懸部分である。通常であれば、その形状が燕や鯖の尾に似ていることから、「燕尾形《えんびなり》」あるいは「鯖尾形《さばおなり》」とされるものである。ところが、贈られた南部家では、「鯰尾兜《なまずおのかぶと》」として伝えられていた。これは、口伝などではなく、南部家のいわゆる武具・甲冑類の所蔵目録に記されていたのである。

鯰尾兜（岩手県立博物館蔵）

その一つ『文政十一年御宝蔵御具足御陣御道具御判帳』〔史料11〕には、「鯰尾惣黒塗御冑《なまずおそうぐろぬりおんかぶと》」として記録が残る。そこには、兜の塗装や錺金具《かざりかなぐ》などの特徴に続いて、兜は燻革の袋に入れられ、さらに黒漆塗の箱に収められていることが記されている。注目すべきは、末尾に「南部利直へ蒲生氏郷より進呈された」という内容が記されていることである。

あらためてこの記録からもわかるように、南部家では一般的、学術的な形状と異なるのにもかかわらず、「鯰尾兜」として伝えていたのである。それは、氏郷が意図的にそう申し伝えた結果と考えられよう。

さて、氏郷ゆかりの兜としては『氏郷記』などに記される「銀の鯰尾の兜」が有名である。ところが、これはあくまで江戸時代以降に記された文字情報のみであり、実物や画像などは確認されていない。したがって、その実在や形状についてはあくまで想像の域を出ないものである。

しかし、こうした記述が軍記物にあること自体、氏郷が「鯰」に対して強い思い入れがあったことを示していると思われる。

ところで、当時、鯰をモチーフとした兜を着用した武将は多く、前田利家・利長、堀丹後守、吉川広家、水野勝成などが知られている。

武将たちが好んだ理由については、鯰が地震を起こすと考えられたことから、その力強さにあやかったと言われている。これについては、文禄元年十二月十一日付で、豊臣秀吉が前田民部法印（玄以）に宛てた書状（『豊太閤真蹟集』）に「（前略）ふしミのふしん、なまつ大事にて候まゝ（後略）」とあり、伏見城の築城の際、地震対策を指示する文言として「なまづ」と記されている。そしてこの書状が、これまで確認された「鯰」と「地震」を関連付けた記録としては最古のものとなっている。

実は、庶民にこのような思想がみられ始めるのは、延宝六年（一六七八）のことであり、松尾芭蕉が『江戸三吟』に収めた俳句に見られる。しかしながら、この思想が広く庶民に知られるようになるのは、江戸時代の中頃と考えられている（『地震の日本史』）。実は、それ以前は「地震虫」と言う怪物が、地震の原因と考えられていたからである。

以上の点から、戦国時代において、「鯰」と「地震」を結び付けた思想は、庶民ではなく武士など特定の人々の間にのみ伝わるものであったと考えられる。

よって、当時、氏郷が「鯰尾兜」を着用しアピールしたかった相手は、あくまで武将たちであり、実戦の結果とあいまって「猛将氏郷」のイメージ強化に一役買うアイテムになったのであろう。

江戸時代の庶民の氏郷イメージ

ここまで、当時の戦や武将たちの印象が要因と考えられる「猛将氏郷」の伝説を見てきたが、そうした伝説を江戸時代の庶民がどのようにとらえていたかを見てみよう。

実はそのことが一目でわかる資料がある。

それは、相撲の力士や歌舞伎の役者などのいわゆる「ランキング」として考え出された「順番付（番付）」である。

江戸時代の中頃から、いわゆる『軍記物』が庶民の間にも広まってくると、戦国武将の番付が作られるようになり、製作時期や場所によって、さまざまな贔屓や忖度が見られた。

例えば、天保四年（一八三三）以降に作られた『諸将武勇競《くらべ》浪花軍配堂版』（上田市立博物館蔵）は、作者や版元である軍配堂についても詳細不明というものである。この番付中には、当時大名として存続している家もあることから、版元が名を伏せたとも考えられる。実際、記載内容について見てみると、クレームや妨害を恐れて、生国や名前の誤記、架空の人物や詳細不明の人物が登場するなど、かなり大雑把と言える。

しかし、当時の庶民の思いが直感的に伝わるものと言える。とは言え、大坂で作られたためか、豊臣氏ゆかりの武将が上位を占めているのはご愛敬だろう。

さて、ここに記された総勢二一四名のうち、蒲生氏郷は前頭八枚目、小早川隆景と丹羽長秀の間に「江州　蒲生飛騨守氏郷」として番付され、土佐(高知県)の長曽我部元親との取り組みとなっている。

一方、『諸将武勇競　石川和助版』は、明治初頭に大阪方面で活動した版元「石川和助」による番付である。

この番付と浪花軍配堂版と比較すると、氏郷を含め上位二十四名に違いはないことから、浪花軍配堂版を参考にした、あるいは同じ版元とも考えられている。但し、本多忠勝、榊原康政、井伊直政、酒井忠次といったいわゆる「徳川四天王」は外れており、下位の武将も三河出身者が激減していることなどから、明治政府を強く意識していたと言えよう。

ここで重要なのは、氏郷が庶民の間においても「蒲生飛騨守」として番付されていることである。さらに出身地については、松坂でも会津でもなく「江州」と書かれていることも興味深い。

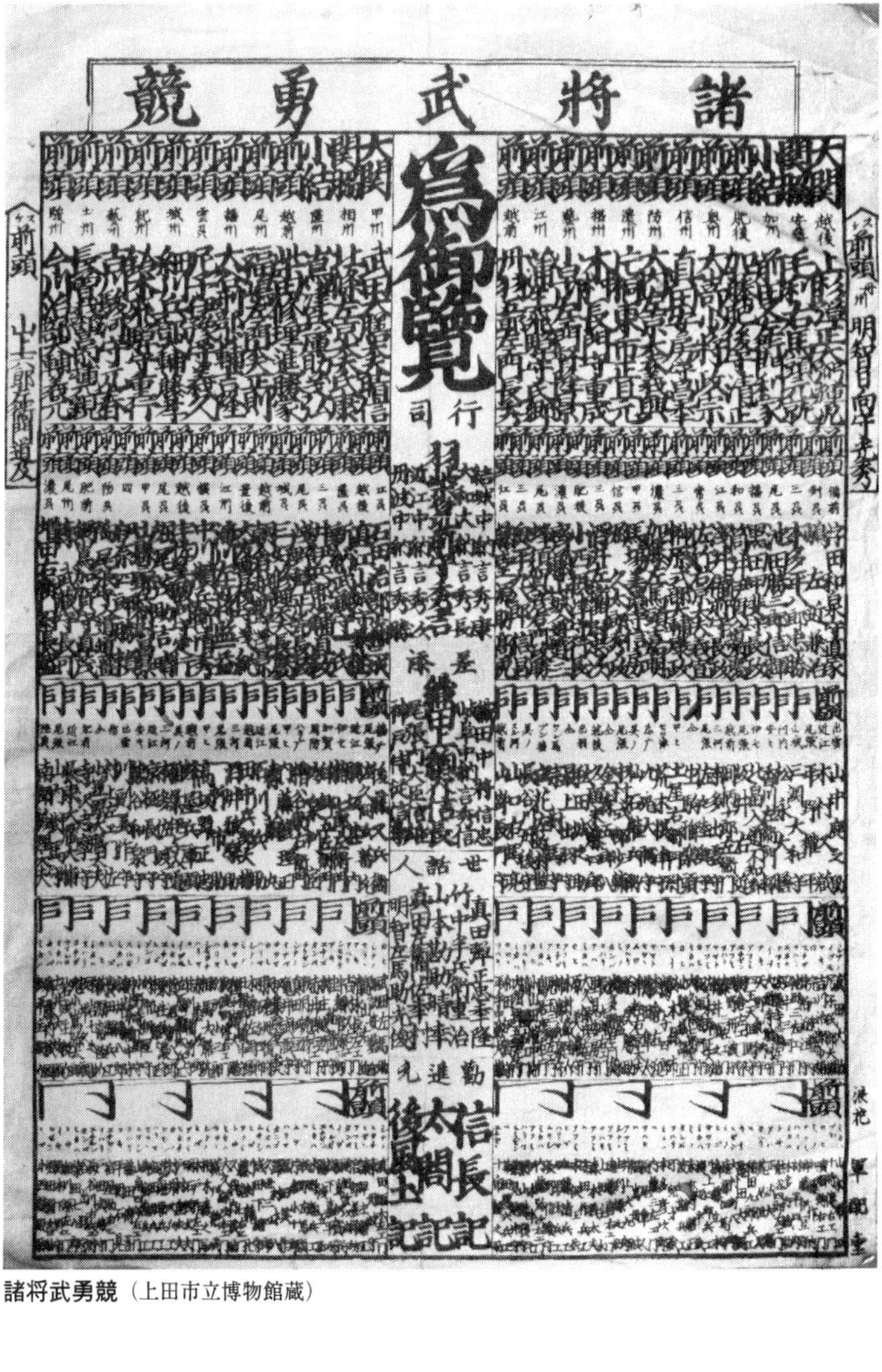

諸将武勇競（上田市立博物館蔵）

第三章　行政官としての氏郷伝説

謎多き日野の居城「中野城」とその城下

中野城は、大永三年（一五二三）に落城し破却された音羽城の次に、新たな蒲生氏の本拠として築かれた城館である。蒲生定秀、賢秀、氏郷の居城となったとされ、氏郷が天正十二年に伊勢松ヶ島に転封となった際に廃城となったと考えられている。以後の状況は不明だが、慶長九年（一六〇四）には、城内や武家屋敷の建物が取り壊されたとされる。

さらに、元和六年（一六二〇）に市橋家が仁正寺《にしょうじ》藩を立藩した際も、陣屋を中野城跡の北東側隣接地に築いた為、中野城が城として再利用されることは無かった。以上が、中野城の概史であるが、実はこの城に関する同時代の記録は限られており伝説の部分が多い。

その創建についても諸説あり、大永五年、あるいは天文三年（一五三四）に、蒲生定秀が築いたとするもの（『仁正寺由緒記』）などがある。まず築城時期については、音羽城の落城後に、直ちに中野城が築城されたとは考え難い。なぜなら、六角定頼に降参したとはいえ、その後、謀殺されるまでの数年間は蒲生氏惣領として秀紀が存命していたと考えられるからである（『氏郷記』）。よって、六角氏の譜代の家臣でもなく、まして蒲生氏惣領でもない高郷が、新たな城を築くことは現実的には不可能であろう。さらに、『経尋記』三月十八日条に「但し、三年牢籠すべき通りと云々」〔史料2〕と記された内容どおりであれば、音羽城落城後の蒲生惣領家は、六角氏によって地位や領地を取り上げられた可能性さえある。事実、音羽城の落城から享禄二年（一五二九）の間、蒲生氏の活動については、同時代の記録に確認できないことから、一時的に日野が六角氏の支配下に置かれた可能性が高く、やはりこの時期の築城は困難と言えよう。

そして、高郷が死去するのは享禄三年（一五三〇）と伝わることから、中野城の築城は『仁正寺由緒記』に記されるように蒲生定秀あるいはそれ以後の時期と考えられる。

中野城は、そもそも呼称自体が異色である。『仁正寺由緒記』によると、「中野」とは集落と集落の間の空閑地の呼称であり地名ではない〔史料12〕。無論、これも近世に記されたものであることから、当時、実際にどう呼ばれていたかは不明なのである。

但し、これについては永禄六年（一五六三）の観音寺騒動の際に、六角義治が蒲生氏を頼って退避したのが「日野蒲生館」（『長享年後畿内兵乱記』）であることが参考になろう。この「日野蒲生館」が、時期的に見て中野城を指すと考えられているのである。

では次に中野城の構造を見てみよう。但し、現況は「中野城跡概要図」のとおり、江戸時代以降の開墾等による大規模な改変を受けている為、「近江蒲生郡　中野城趾図（大正六年三月）」（以下「趾図」とする）や「蒲生城跡見取図（安政三年二月）（以下「見取図」とする」などを参考に復元を試みることとする。

中野城はいわゆる日野谷の中央東寄り、河岸段丘が半島状に突出した場所に築かれた城館である。

主郭は「趾図」・「見取図」共に「本丸」と記された場所にあたり、約一〇〇×一二〇mの規模の方形を呈する。これは六角氏の譜代の家臣である後藤氏館（東近江市・滋賀県指定史跡）とほぼ同規模のものである。

一方、「本丸」の周囲に設けられた土塁（「趾図」には「土手」と標記）については、後藤氏館が高さ約三mで基底部幅約一一～一五mに対して、中野城は高さ約五～一〇mで基底

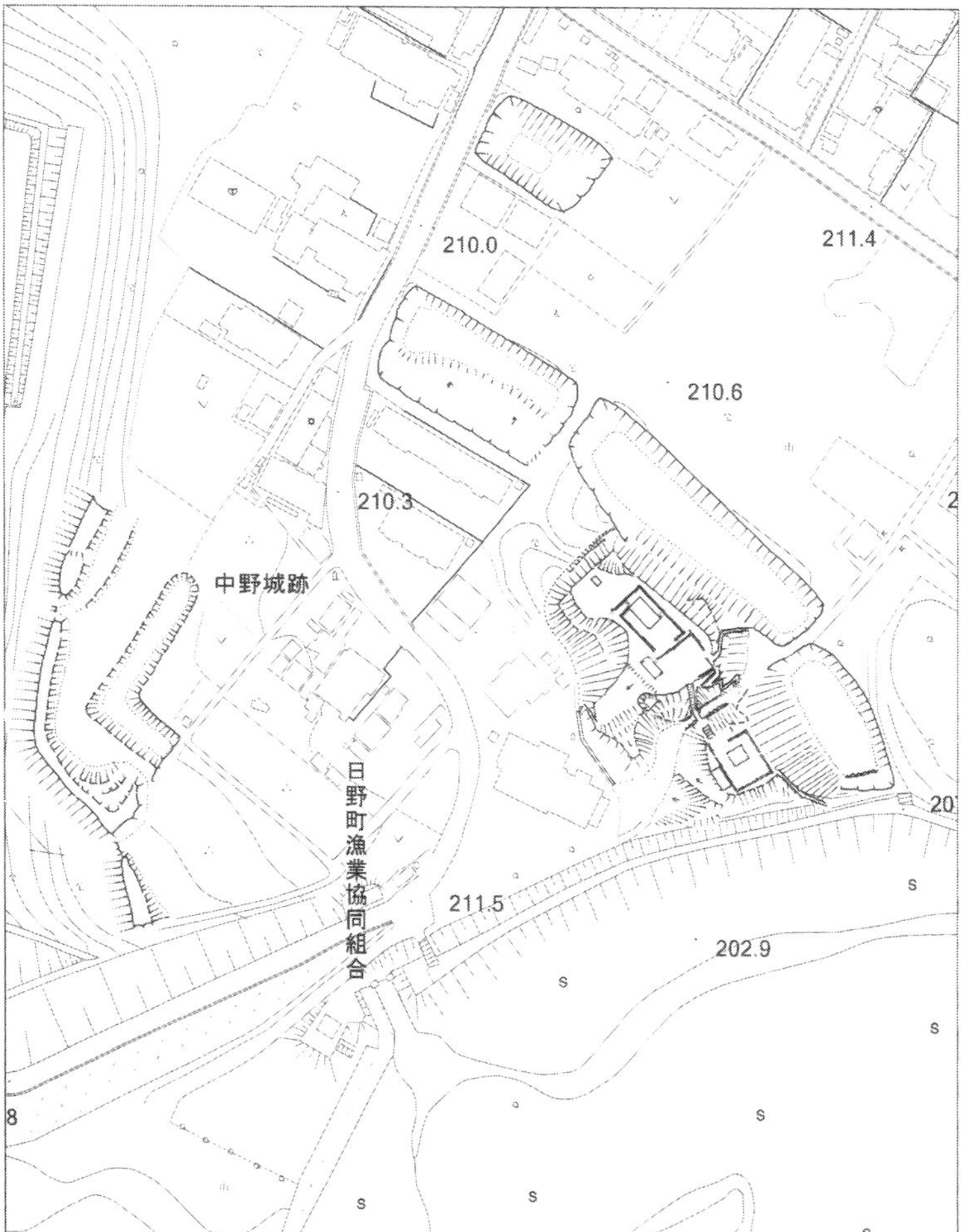

中野城跡概要図（作図：振角卓哉）

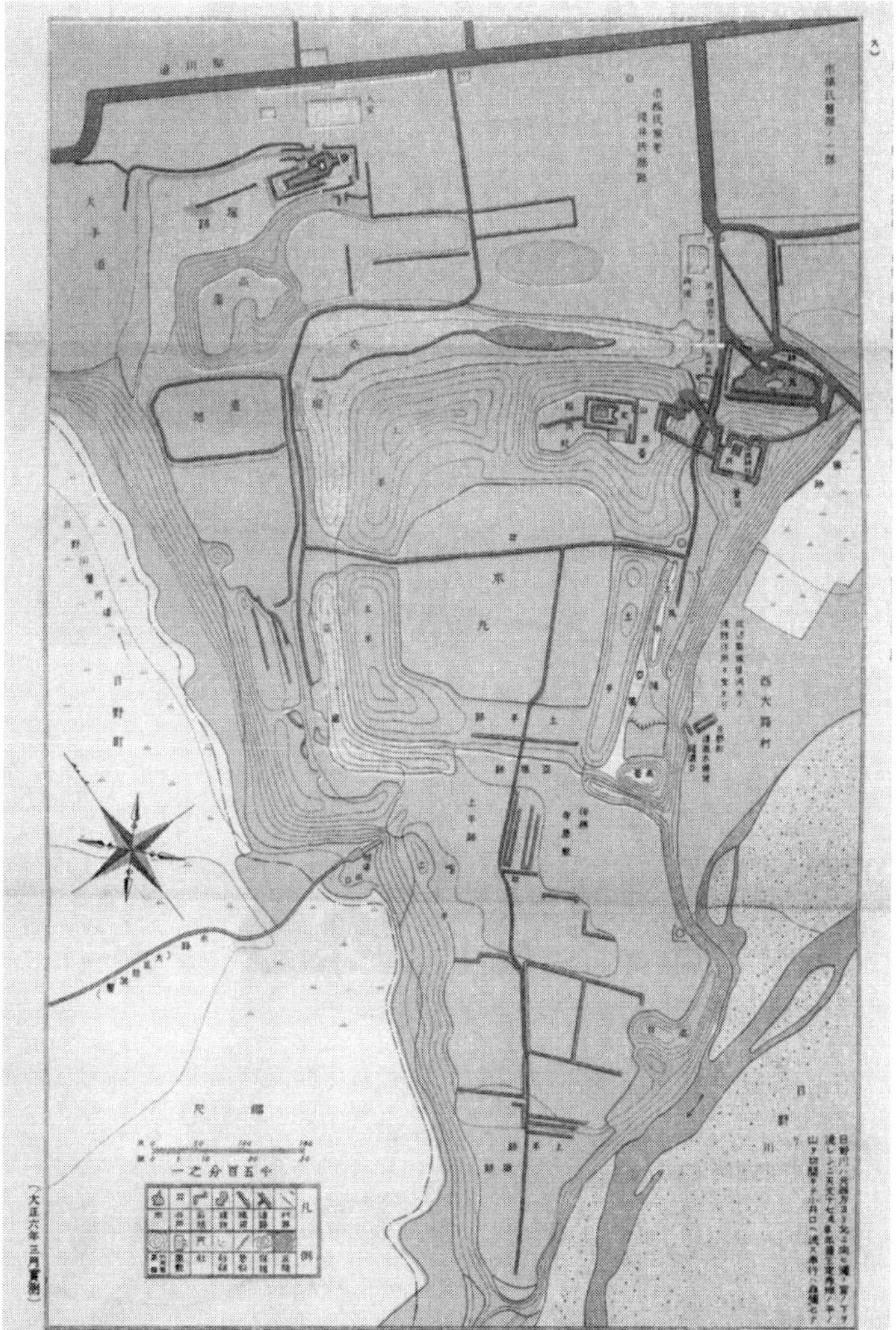

中野城趾図（『近江蒲生郡志』巻三より）

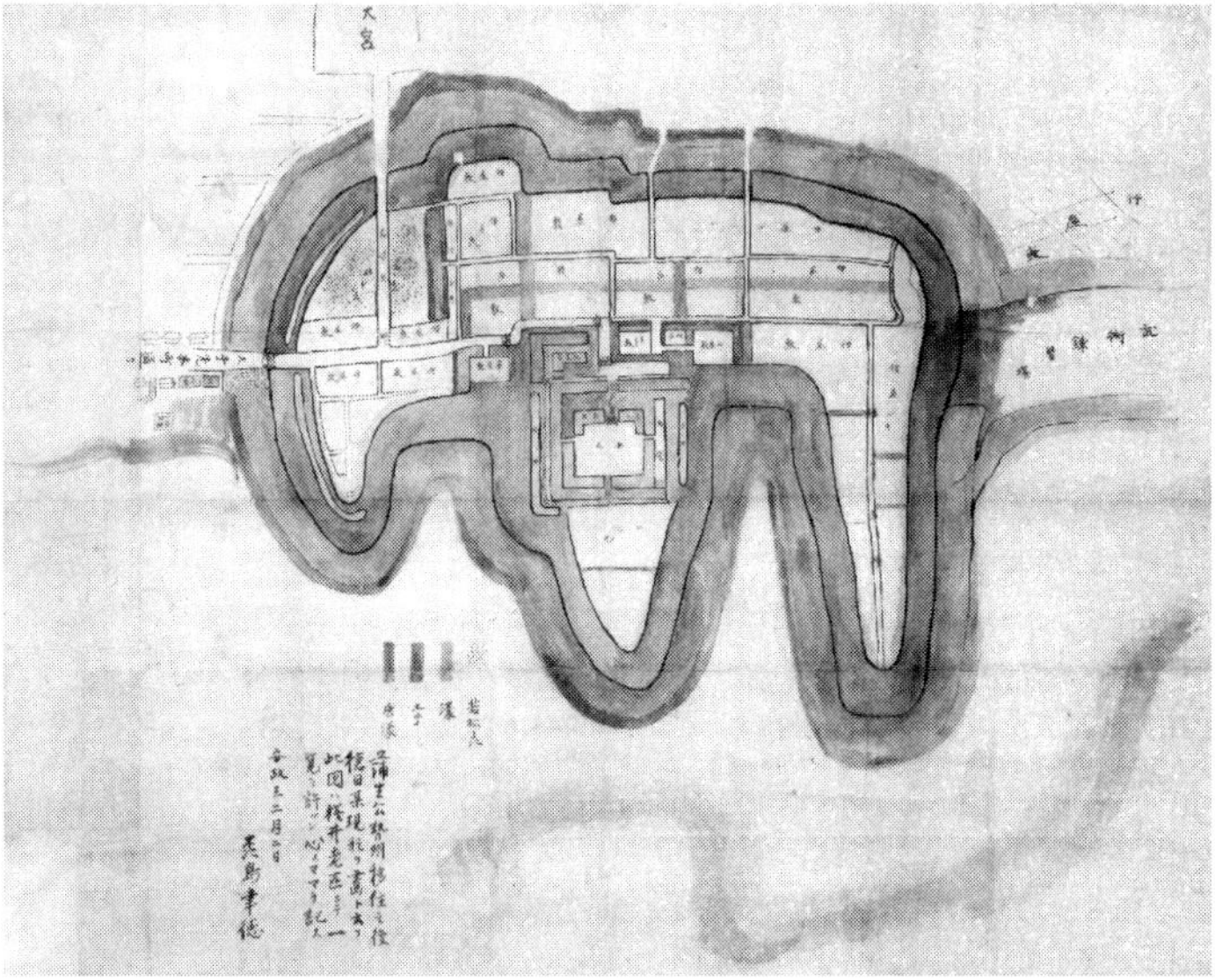

蒲生城跡見取図『大字西大路総代引継文書』より（西大路区蔵）

部幅約一〇～三五ｍにおよぶ大規模なものである。現在は、その北東部分が残るのみだが、土塁上には市橋家が建立した稲荷神社が建つなど、この部分だけでも小規模な城郭の主郭並の規模を誇る。土塁の旧状は、街道側に面した北辺部が高く幅も最大であり、次いで大手と考えられる虎口が開口する西辺部、そして日野川に面していた東辺部の順に低く幅も小さくなる。この東辺部については、幅約三ｍの小規模な堀と「土手」を伴う「馬場」を挟み、基底部幅約三～一五ｍの土塁がもう一条設けられた二重土塁となっており、北端には市橋家が建立した涼橋神社が残る。南辺部については「趾図」が作成された時点でも改変が進んでおり、旧状は明らかでないが、「趾図」や「見取図」から、西辺と同規模であったと考えられる。土塁についてはその規模から、盛土ではなく、低丘陵を掘り残す形で設けられたと考えられる。

中野城跡に残る土塁。建物は涼橋神社

「本丸」の外周には、東辺以外の三方をコ字状に囲む幅約一〇～二〇mの横堀(「趾図」では「空堀」と標記)が設けられていたが、現在は北辺のみ残る。この横堀についても後藤氏館の幅約五～八mに比べて規模が大きい。一方、東辺は前述のとおり、幅約三mの小規模なものであった。

また、主郭の北西には、街道との間にもう一条堀が設けてあった。「趾図」や一部現存する遺構から、規模は北辺の横堀と同規模で、L字状であったことがわかり、いわゆる大手を守る目的で設けられたと考えられる。東側にも同様な堀がすれば、馬出や副郭が存在したことも考えられるが、現時点では不明である。

一方、「本丸」の南方には、「趾図」に「俗称寺屋敷」と記され、「見取図」には「二ノ丸」と記された三角形を呈する副郭と考えられる削平地が描かれている。「本丸」と異なり、周囲に土塁が設けられていないが、複数の区画が見られることが特徴である。このような特徴から、一族の屋敷地や「趾図」に記されるような寺院の敷地として使われた可能性がある。

寺院である場合は、天文四年二月に音羽城から中野城内に移されたとされる信楽院（『仁正寺由緒記』）などが考えられるが、これまで発掘調査等は行われておらず推測の域を出ない。

以上が中野城跡の概要であるが、ここでまず大きな謎が浮かぶ。それは、主郭の平面プランである。前述のとおり、確かに後藤氏館と比較すると、土塁の規模などは格段に大きく威容を誇るものであるが、あくまで方形の城館である。天正十二年まで使用された城館にも関わらず、織豊系の特徴を見ることができない。信長の命を受け父子で各地を転戦し、さまざまな城郭を見る機会もあり、また、鯰江城攻めでの付城築城や安土城築城にも携わるなど、信長の城造りや織豊期の他の城を学ぶ機会も有ったわけである。よって、それを取り入れていないのは不思議としか言いようがない。史資料に確認できないが、手法や効果を知りながら取り入れていない以上、何らかの理由で意図的に導入しなかったと考えられる。

その理由については、若干飛躍的ではあるが、当時の武士にとって、方形城館の形態こそ「武家の象徴」という概念があったのではなかろうかと考える。それは、武家にとって京の御所や幕府重臣が構えた館こそ「城」や「武家」の象徴であり、これに倣おうとした結果であったと推察する。

さて、中野城に関わる最大の謎は、築城と共に整備されたと伝わる城下である。これについて、『仁正寺由緒記』〔史料13〕によると、蒲生定秀の縄張りによる城域は、東西八町（約八七〇m）、南北六町（約六四〇m）の規模で、周囲に幅五間（約九m）、高さ一丈（約三m）の土手（土塁）を築き、さらにその外側に幅五間（約九m）、深さ一丈（約三m）の「惣堀」を設けていたとされる。

惣堀は、いわゆる外郭部分を囲んでいたと考えられ、享保四年（一七一九）の『土橋境論御裁許絵図（以下、「裁許図」とする）』にも、惣堀西辺部や土塁が明確に描かれている。現在も水路や道路として痕跡を残しており、東端にあたる興敬寺《こうきょうじ》境内にも土塁と堀跡が残っ

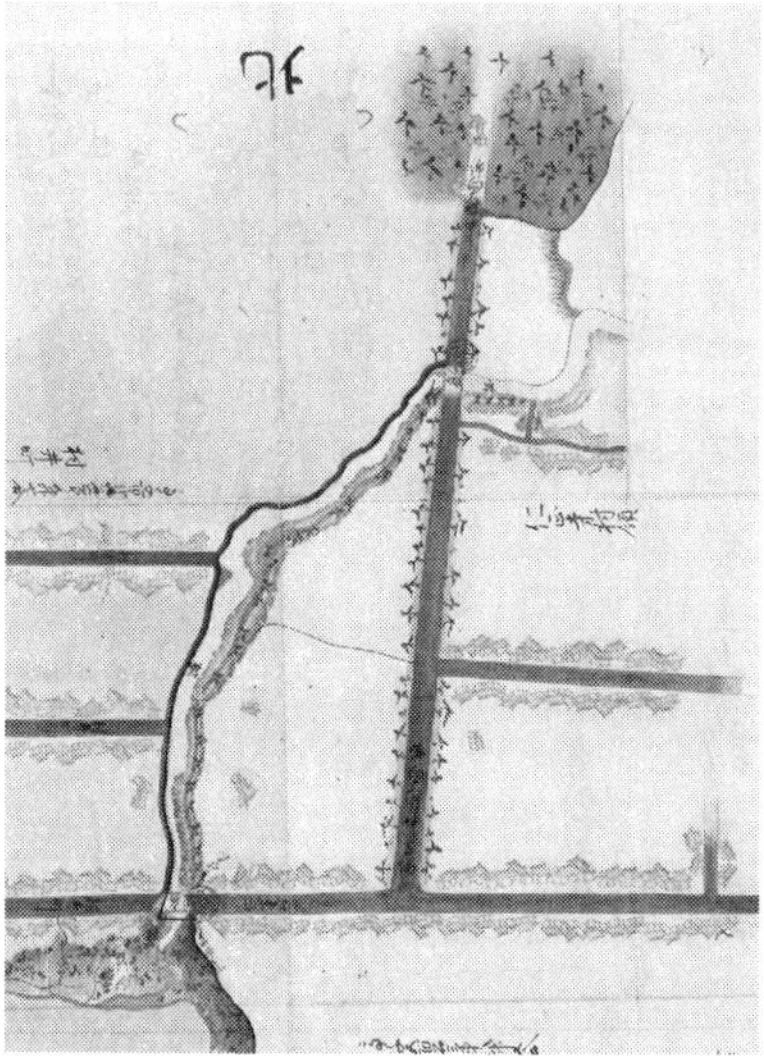

土橋境論御裁許絵図部分『大字村井文書』より
（村井区蔵）

ていることから、外郭が存在したことは明らかであろう。

さらに「裁許図」を観察すると、北西隅には方形の突出部が設けられている他、西辺部には、「折れ」と思われる防御を意図した屈曲部分が見られる。こうした工夫からも、この惣堀が、城郭の外郭ラインとして設けられたものであることがわかる。

ここで問題となるのは築かれた年代である。絵図が描かれたのは、仁正寺藩主の市橋家が武家居住地として使用していた時期である。宝暦七（一七五七）に描かれた「仁正寺御屋士屋敷圖」によると、外郭内には殿町通と仲町通の二筋の東西道があり、それを中心に市橋家臣の屋敷が配されていたことがわかる。なお、市橋家の元和六年入封当初の石高は二万石であり、家臣三百名が居住していた。

ではこれと比較するため、当時の蒲生氏の石高を見てみよう。日野における氏郷段階の

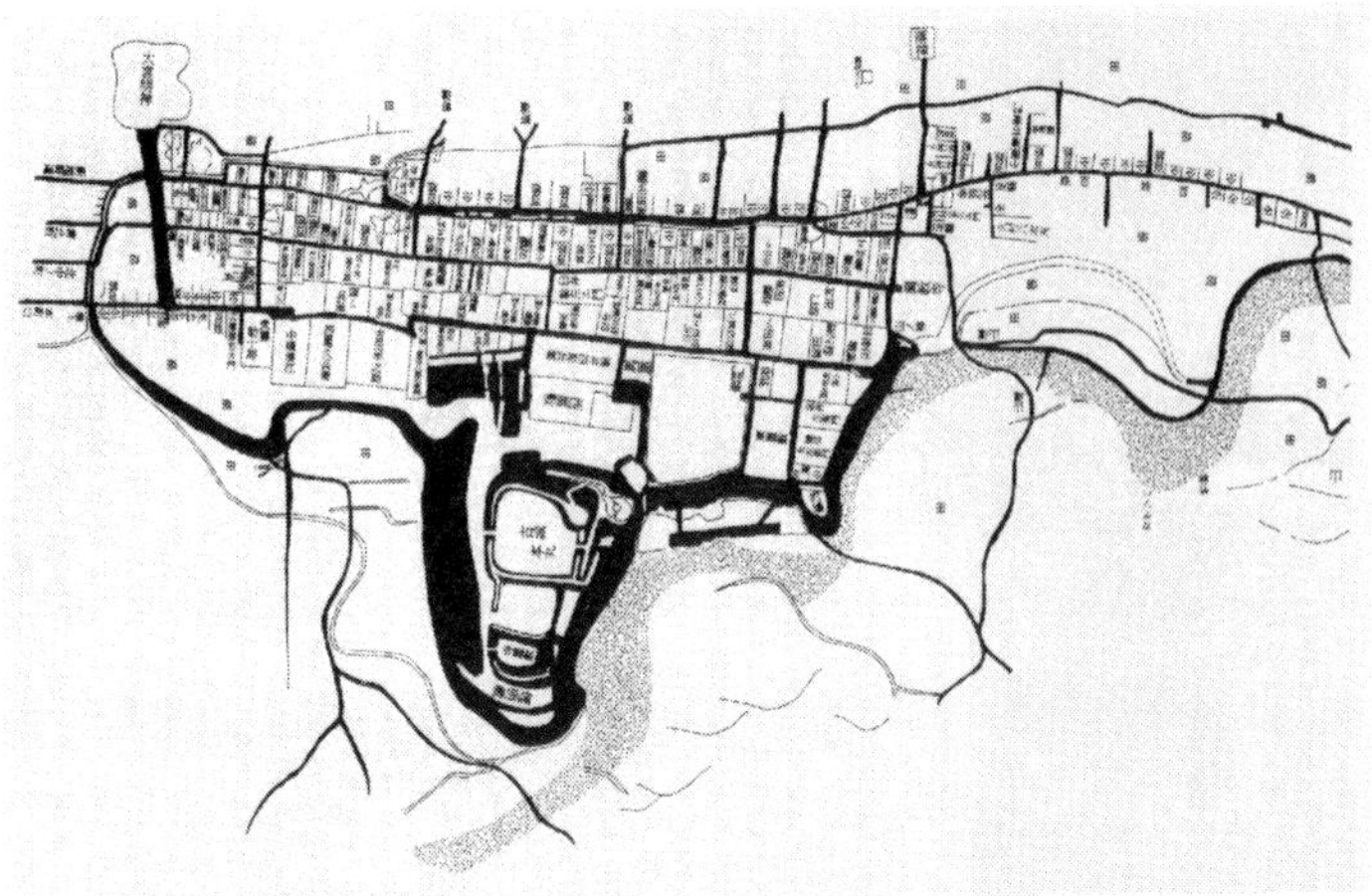

仁正寺陣屋士屋敷圖部分（『西大路藩武家屋敷調査報告書』より）

石高は、俗に六万石と言われる。しかしながら、これは後世伝えられたものであり、しかもその中には、氏郷の家臣に組み込まれた旧六角家臣の領地も含まれていると考えられる。しかもこれらについては、同時代の史資料でそれがわかるものは確認されていない。

そこで、参考までに氏郷段階の所領と考えられる、現在の日野町域に存在した村の石高について、史資料が揃いなお且つなるべく氏郷の時期に近い史料を見てみよう。

その条件を満たすのは、元禄・寛永期のものである。「近江国御高帳（寛永石高帳）」に加えて、データが不足する一部の村について「近江国郷帳（元禄郷帳）」で補足すると、日野町域の石高は二万九九三〇石となる。これに天正十年六月の清洲会議により、羽柴秀吉らから安堵された旧佐久間領の一万石を追加すると約四万石となる。しかし当然、蒲生惣領家以外の儀俄氏など一族や重臣はそれぞれ城館を構え、所領を得ていることから、蒲生惣領家の所領は、市橋家の二万石と差が無いか、むしろ少ないものと推察できる。

そうであるならば、外郭内は直属の家臣団居住地と見て問題なかろう。また、市橋家は当初の二万石から、分与により元和八年（一六二二）に一万八千石、慶安元年（一六四八）には一万七千石と減少しており、家臣団が増加する要素は見られない。にもかかわらず、次第に北辺の惣堀の一部を埋め立てて「裏町通」と呼ぶ道を設け、農家や商家の居住範囲を広げていることなどから、蒲生氏段階で構築されたものを市橋氏が再利用した可能性が高いと考えられる。

なお、前述した惣堀北西隅の突出部については、中世の要路である八風越から分岐した道が、日野北部の桜谷を経由して、城下に取り付いていたと考えられることも、蒲生氏段階の構築と考える一因である。

ところで、日野の城下町として紹介されることが多い史料として、『蒲生旧趾考』に記された蒲生定秀による「天文三年（一五三四）町割」なるものが知られている。約八〇の町名が地図状に記された図であるが、その範囲は、外郭より西方に広がる町人居住区に限られているもので、原本は未確認である。この内、天文年間の町名として適切かなどの疑問点については、これまでも諸氏が指摘されているため、本稿では割愛するが、そもそも城下町は存在したのであろうか。そこで次に、城下町として語られることが多い、町人居住地に焦点を当て、その謎や氏郷との関わりを探ってみよう。

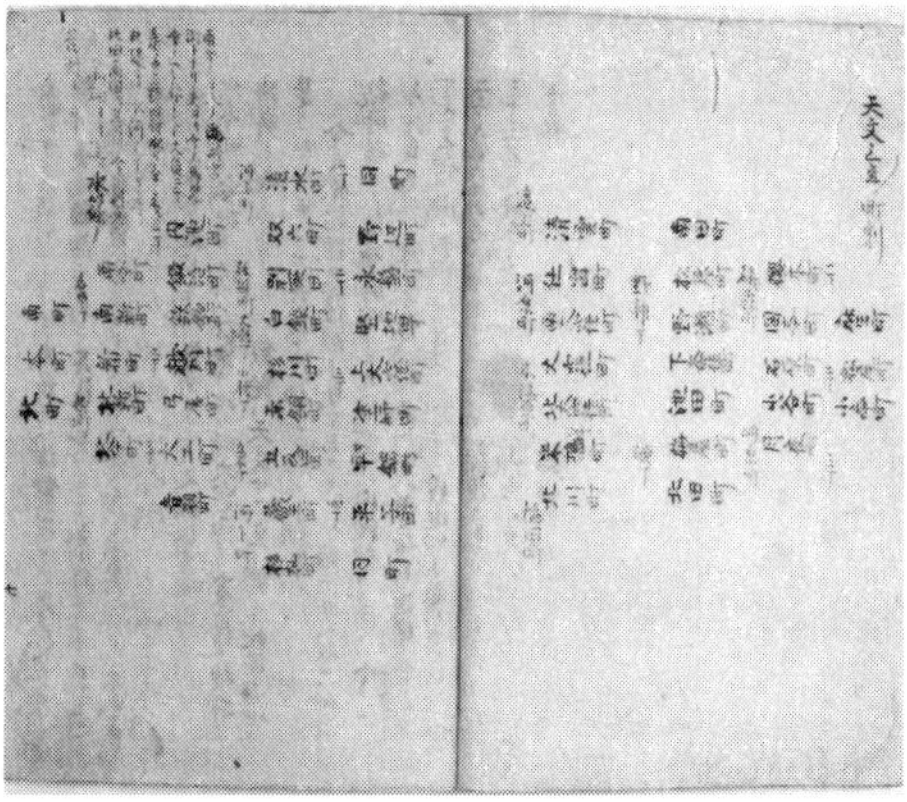
天文三年町割（『蒲生旧趾考』より）

『蒲生旧趾考』の「松尾町」の欄には、「日野町蒲生家城下の時、午《うま》が窪は市場にして、上市と称し、下市場に市神をまつり（後略）」とあり、日野に市が存在したと伝えている。

これについて、中世に「日野市《ひのいち》」が存在したことは史実であり、しかも、史資料で確認できるのは、中野城が築かれたと言われる時期から、さかのぼること約百年前のことである。

それは、応永三十二年（一四二五）に、中世の近江を代表する商人で、当時は新興勢力である「保《ほ》内《ない》商人」が、「立庭（商売の権利）の堺」を越え、従来の勢力である山門（比叡山）東塔東谷領に属する「五箇《ごか》商人」の一つ、「小幡《おばた》商人」の立庭で商売を行ったことに始まった争論の中の記録である。

この際、延暦寺東谷東塔での衆議（裁判）において、証文（証拠書類）をもたない小幡商人に対して、偽文書や樽銭（礼銭）などを駆使した保内商人が勝訴している。

これに対し、応永三十三年（一四二六）六月七日付「小幡商人申状案」（『今堀日吉神社文書』）〔史料14〕によると、小幡商人は「取り決めにより、立庭の堺である保内川（筏川・東近江市）から南にある日野市では商売をしていない」と主張している。

よって、保内商人が「日野市」で商売をしていたと考えられる他、文中の他の部分には「日野市」が、伊勢国との通商の要地であったことがうかがえる記述も見られる。

さらに、寛正四〜六年（一四六三〜六五）に起こった「保内商人」と「横関商人」との呉服争論を発端として、その約四〇年後の文亀二年（一五〇二）四月に起こった嶋郷市《しまのごういち》における横関商人と保内商人の争論の中でも「日野市」の名が現れる。両商人は、馬淵市《まぶちいち》や八日市《ようかいち》でも争論をしており、四月二十九日付「西郡右京亮書状案」（『今堀日吉神社文書』）〔史料15〕には、呉服代官「西郡右京亮」が、「日野政所」に対し、「過去の判例に則して、証拠の記録にしたがい」採決することを求めている。なお、「日野政所」については不明であるが、その内容から市を管理する役所や役人と考えられている。

この「日野市」が、その後「日野町」へと発展したと考えられるが、明確にそれを示す史料は確認されていない。しかしながら、蒲生氏郷が伊勢に転封となった直後と考えられる天正十二年（一五八四）六月に、羽柴秀吉が直轄領となった日野に出した「掟」〔史料16〕の宛てが「江州日野町中」となっていることから、氏郷の時期に「町」が存在したことは確かであろう。

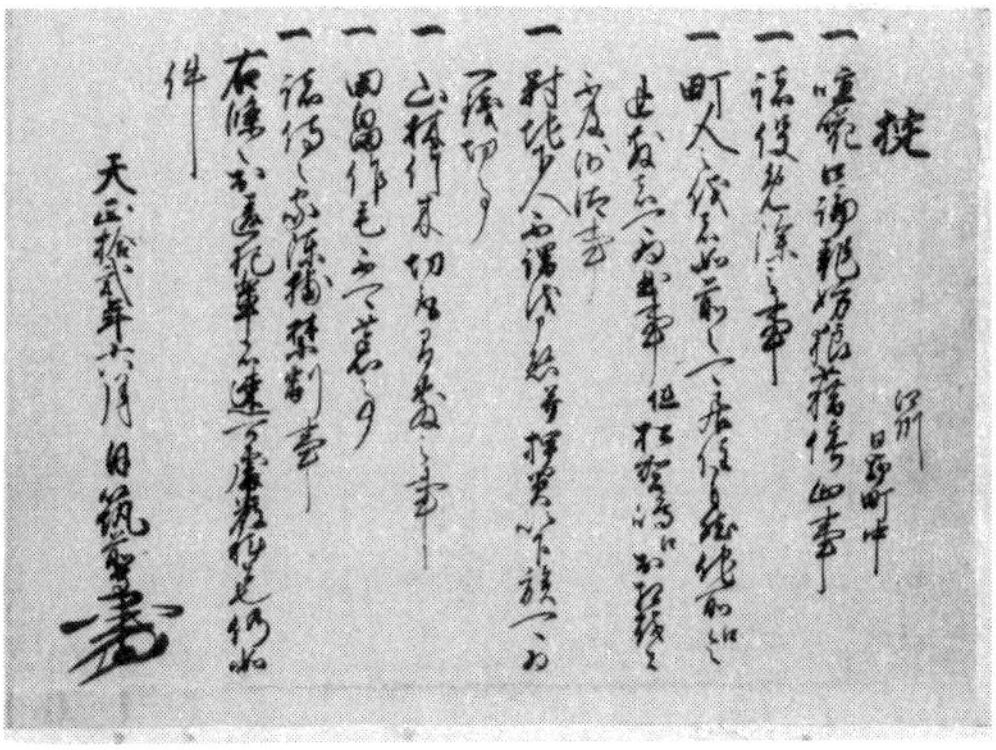
掟

日野町中

天正拾弐年六月 日 筑前守

日野町に出された羽柴秀吉の掟（馬見岡綿向神社蔵）

なお、「掟」の第三条では、氏郷が転封する伊勢松ヶ島（松賀島）への町人の移住が認められている。実際にどれほどの町人が移動したかはわからないが、天正十八年十二月四日付「神人足子入目日記」（『今堀日吉神社文書』）には、「日野塩屋」という記述があることから、直轄領となった日野町に塩を扱う商人が残って居たことは明らかである。

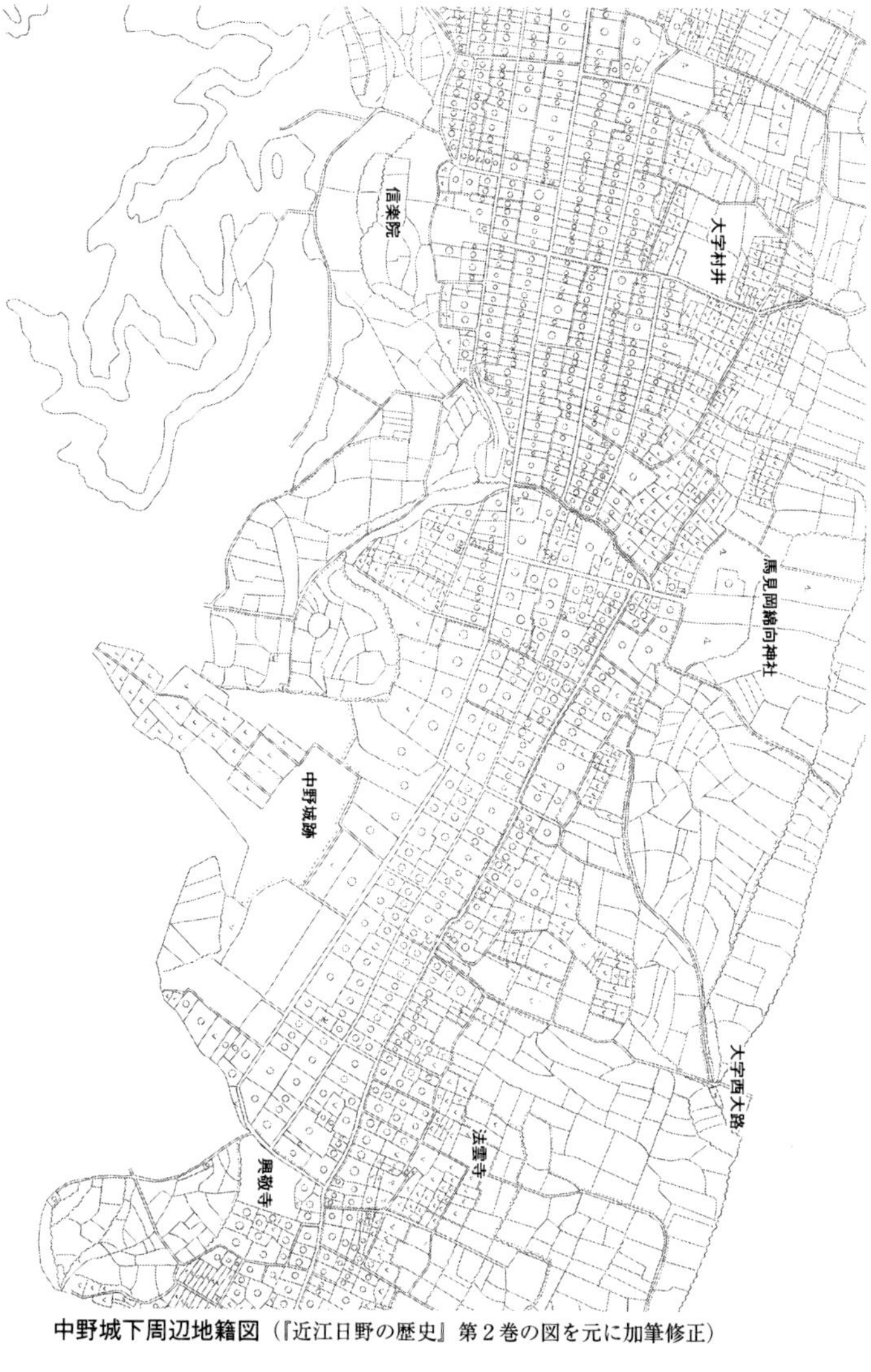

中野城下周辺地籍図（『近江日野の歴史』第２巻の図を元に加筆修正）

しかしながら、天正年間の商人が、江戸時代のいわゆる「日野商人」に繋がるかについては、当時の記録には見いだせず、江戸時代以降の地誌や商家の家譜などに拠るしかない。いずれにしても、中野城が築城されるはるか以前から、「市」という多くの人々が集まる環境が整えられており、築城とともに城下が整備された一般的な「城下町」とは、発展の形態が全く異なるものであったと考えられる。

つまり、日野の城下は、築城の際、新たに建設されたものではなく、中野城の築城を期に日野市を町人居住地として再整備したものと考えられよう。

その時期については、明治時代の地籍図や現況などを観察すると、東西に伸びる通り中心に、家臣団居住地には、やや不整形ながら「方形区画」が認められる一方、町人居住地には小さな長方形の「短冊形地割」が認められることがポイントになる。

こうした地割は、織田信長が美濃攻略の拠点として永禄六年(一五六三)に建設を始めた小牧山城の城下町などに古例が見られる。しかしながら、それより約三〇年前に当たる上、前述したような当時の蒲生氏の情勢から考えると、同じような城下の整備は不可能であろう。よって、城下の整備は『蒲生旧趾考』にある天文年間ではなく、天正年間中期の蒲生賢秀・氏郷の段階と考えられる。

では、次の謎を見てみよう。それは、年不詳であるが、六角氏の重臣である後藤高恒が、日野で屋敷を購入し、その建設に保内の村（東近江市）から多くの人夫を調達した記録である。詳細は不明だが、高恒の活動時期を考えると、蒲生氏が中野城を築城する以前の時期と思われる。当時、蒲生秀紀を滅ぼした高郷は、一時六角氏に出仕していたと伝えられる。例え、それが事実であっても、蒲生氏の当主が明確に六角氏の家臣となるのは、秀紀が死去したとされる大永五年以後のことになる。しかも家督争い直後であり、家中も混乱していたと思われる。以上の状況から、六角氏から蒲生氏の監視や日野市の管理のために、代官として後藤氏が派遣された可能性が高いのではなかろうか。

しかしながら、そもそも記録に記された後藤氏の屋敷については、現在それと伝わる場所はなく、遺跡としても確認されていない。調達された人夫の人数からかなり規模の大きな建物と考えられる。あるいは、のちに中野城が築かれる場所付近であったとしても不思議はなかろう。

さて、戦国時代末期、日野には日野牧五ヶ寺と称される浄土真宗寺院があった。興敬寺、正崇寺《しょうそうじ》、本誓寺、明性寺《みょうじょうじ》、照光寺である。この中には、当時、信長との合戦に、明性寺の賢了や興敬寺の永宗など、石山本願寺の武将として参加した僧が存在した。恐らく、賢了や永宗とともに石山本願寺に籠城した日野の門徒衆も存在したと考えられるが、興味深いことに、蒲生氏とこれらの真宗寺院とは、良好な関係を保っていたと考えられるのである。その中でも興敬寺については、中野城の外郭東端に位置しており、事あるときは、中野城の防御施設として活用することを想定していたと考えられる。

その興敬寺に伝わった『興敬寺文書(うち一二六点は滋賀県指定文化財)』には、戦国時代の本願寺と蒲生氏との交流がわかるものが含まれる。蒲生氏と本願寺との通信は、興敬寺を通して行われており、中でも、前述した本能寺の変直後に本願寺坊官下間頼廉から蒲生賢秀・忠三郎親子宛てに出された書状は、混乱の中、蒲生氏が本願寺と連携を画策したことがわかる貴重な史料となっている。

音羽城再建の可能性

さて、中野城の謎を考える上で重要な遺跡が音羽城跡である。第一章で述べたように、戦国時代前半の蒲生氏の居城である音羽城は、大永三年に破城され、以後の歴史には登場しない。しかも、明治時代以降の公園化により、城跡の中心部分は大きく改変されてしまっている。江戸時代に絵図が残るものの、誇張や創作部分が含まれており、当時の様子を正確に伝えているとは考えられない。そうした中、『近江蒲生郡志』には大正六年に測量された「音羽城趾図」があり、ある程度の平面復元は可能である。すると、主郭は中野城と同様に、約一〇〇mの方形であったと考えられる。さらに、堀切を多用する等、中世城郭の様相を示しているが、興味深いことに、公園化の際に勝龍寺城跡（長岡京市）から出土した軒丸瓦と類似する紋様をもつ軒丸瓦や平瓦が複数採集されている。さらにこの瓦は、紋様だけでなく製作時の痕跡にも、元亀・天正年間に製作された特徴を残している。これまでの各地における出土例から、これらの瓦が使用された城郭は、織田信長の一族あるいは重臣の関係する城郭に限られると考えられている。

よって、元亀・天正年間に信長の許認可のもと、音羽城が城郭として修築、あるいは何らかの施設が築かれた可能性がある。もちろん、現時点で採集された瓦の点数は極めて少ないことから、櫓等の建物ではなく、持仏堂のような建物に使用されたとも考えられる。いずれにせよ、これらの瓦が存在すること自体が重要であり、大きな謎となっている。

当時の様子が不明確なために想像の域を出ないが、音羽城は、戦国時代の後半においても交通の要所を抑える丘陵地という状況に変わりはない。平地の城館である中野城の詰の城として、音羽城を蒲生賢秀・氏郷が再建していたとしても不思議はないと思われる。とすれば、中野城のプランが城館のままであった理由の一つになったとも考えられる。

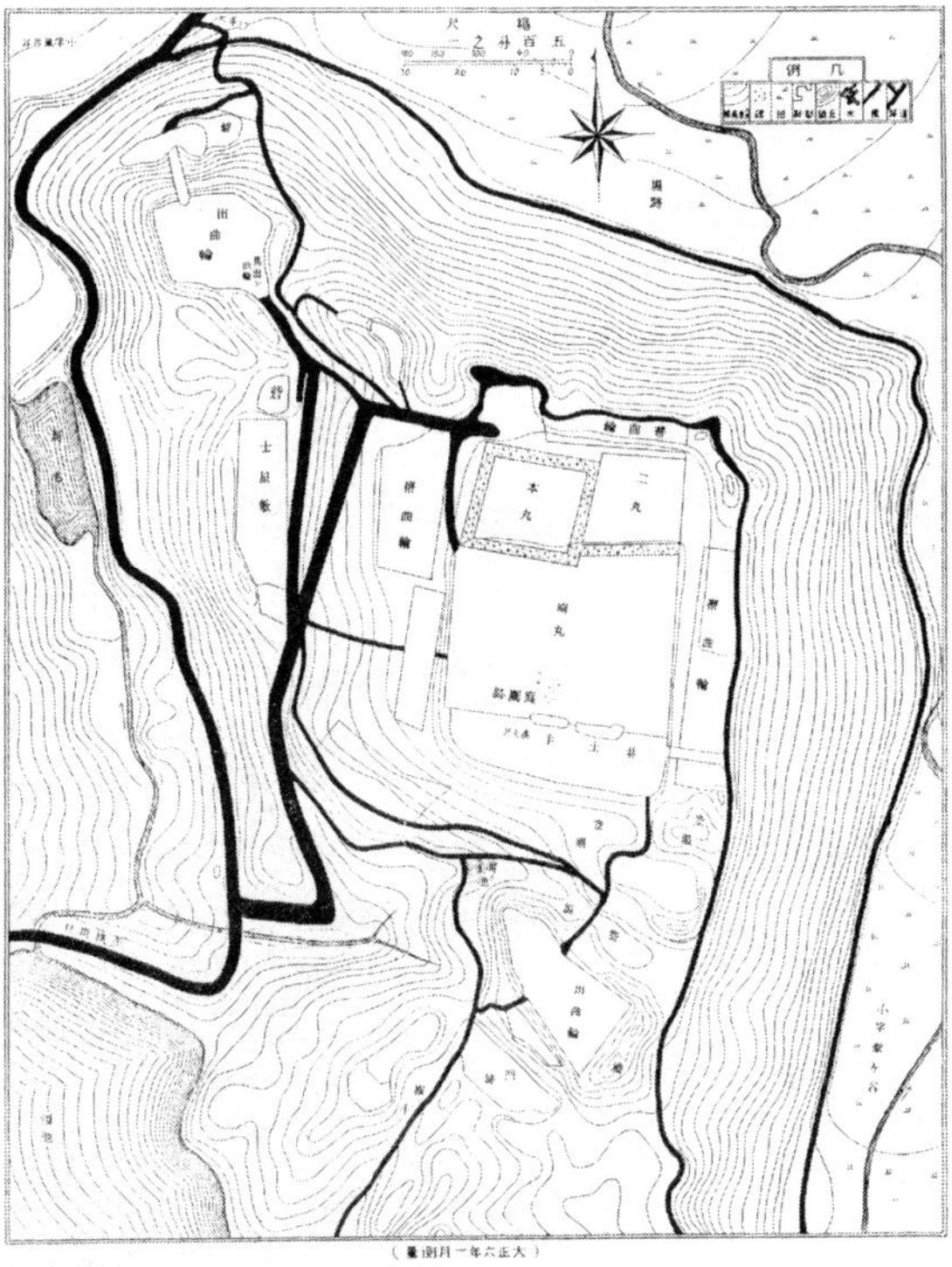

音羽城趾図（『近江蒲生郡志』巻三より）

伝本丸跡から出土した軒丸瓦（近江日野商人館保管）

日野、松坂、会津城下の謎

最後に、氏郷の城下経営について見ることとする。まずは、氏郷が天正十年十二月に日野城下に出したとされる「定條々」〔史料17〕という法令についての謎である。

これは、天正十年に出されたとされるものを、元禄八年(一六九五)に馬見岡綿向神社の宮司社重信が写したものである。各項目を見ると、天正五年に信長が安土城下に出した、いわゆる「楽市令」〔史料18〕を踏襲したものであることがわかる。

例えば第一条にある「楽売楽買」は、「楽市」と用語は異なるものの、どちらも既得権益を無視する「楽市令」であることがわかる。また、現在の債権者への優遇措置である「徳政令の免除」の条項も双方に見られる。こうした事から、新規転入者への優遇策とともに、元々居住している住民の保護政策を盛り込むことで、城下の活性化を図ったと考えられる条項であることがわかる。言い換えれば、この「定」は、全く新たに作られた町に対してではなく、すでに町屋があった場所を中心に再整備された町に対する法令ということになる。

日野に出された「定條々」独自の条項として特徴的なものは、第三条の「土山甲津畑南

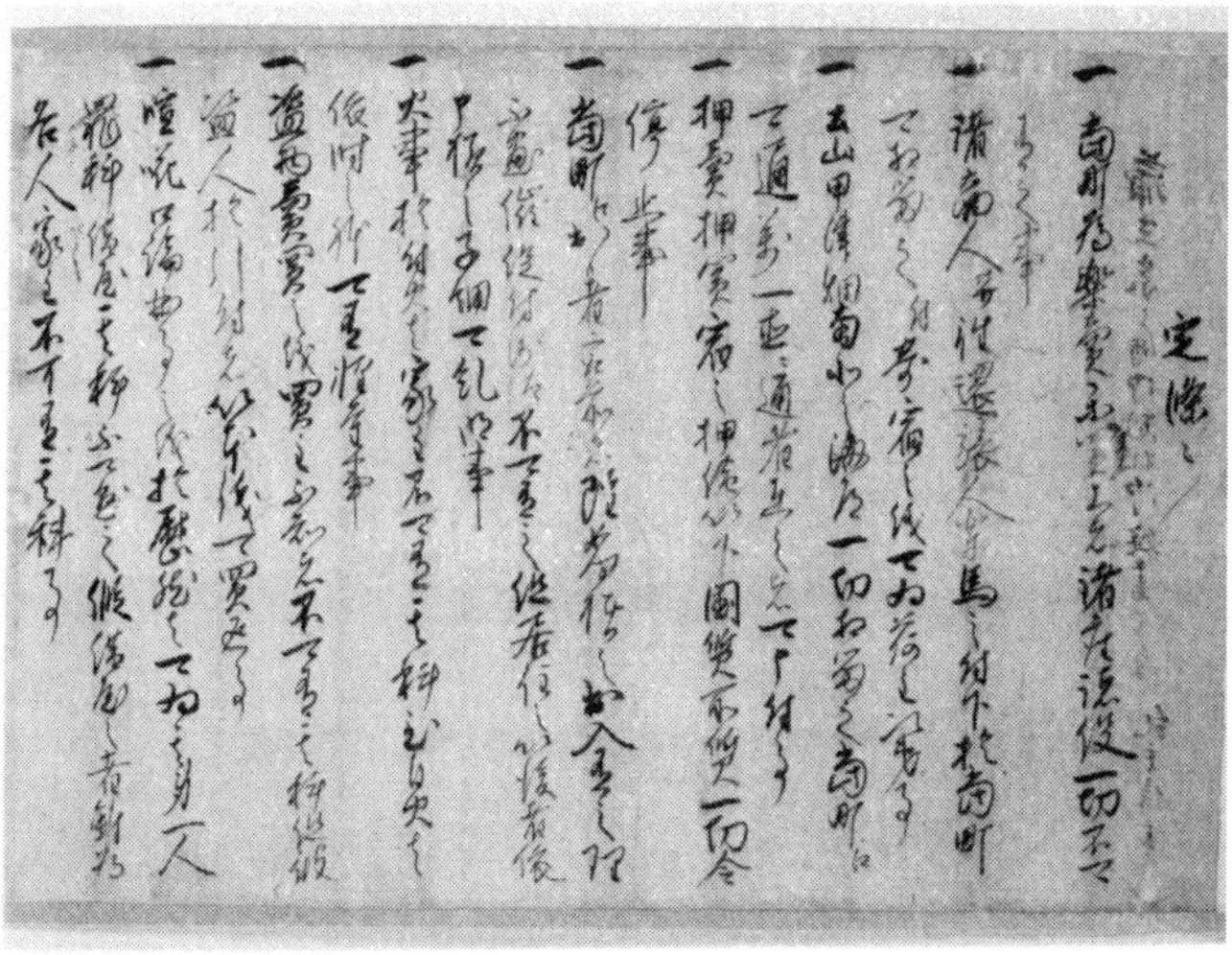

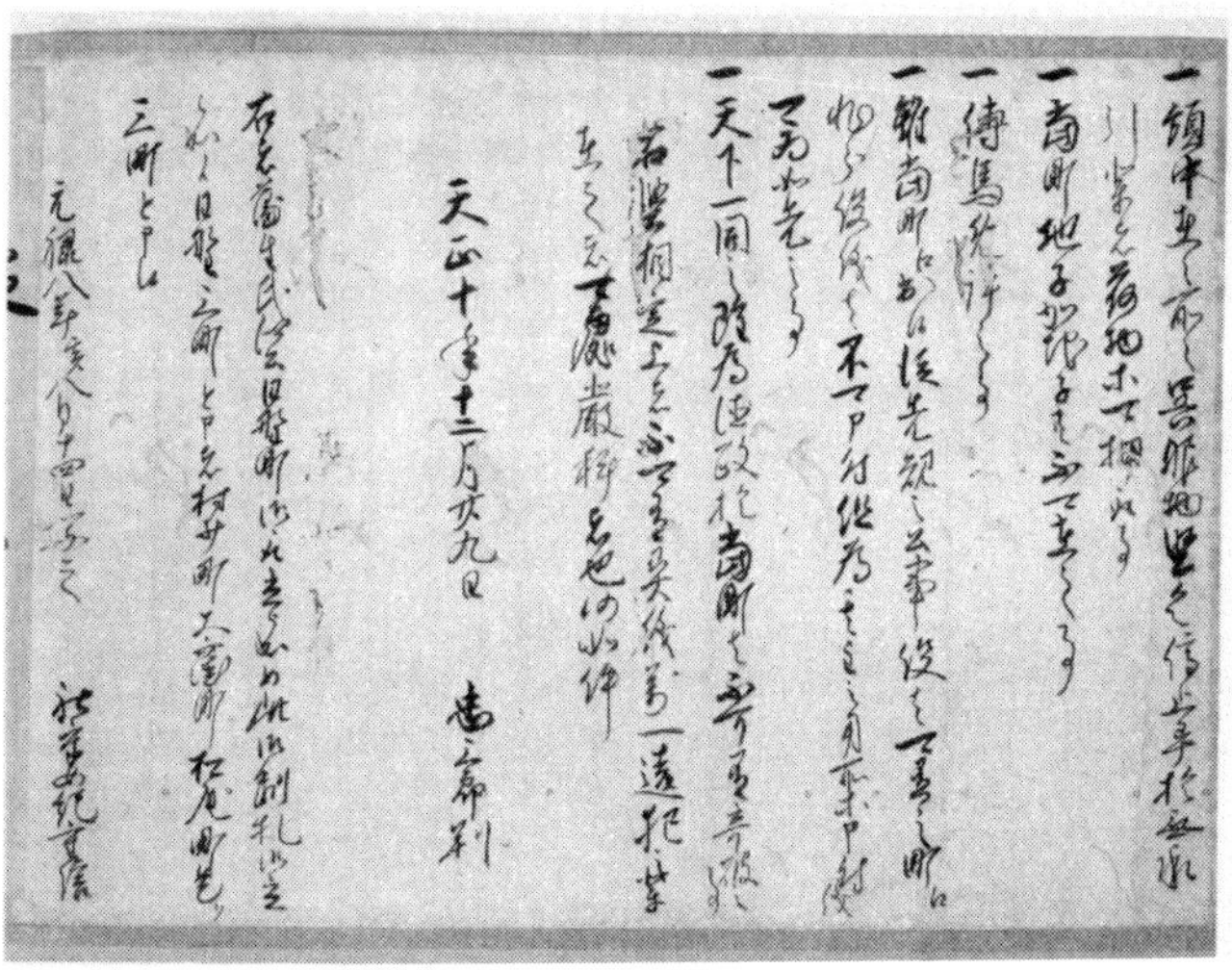

定條々写（馬見岡綿向神社蔵）

北之海道一切相留之當町江可通（後略）」である。これは、信長が近江と京を結ぶ街道を付け替えた事例（『多聞院日記　元亀元年三月二十日』）〔史料19〕を模倣したと考えられる条項である。

では、土山甲津畑の南北の街道を一切留めるとはどういう意味であろうか。当時の権力構造から考えると、氏郷が信長のように東海道の土山（甲賀市）と、千草越の甲津畑（東近江市）において、それぞれ二つの主要道を通行禁止にすることは、事実上不可能と考えられる。よって、文言のとおり土山と甲津畑を結ぶ南北ルートを直通せずに、日野城下を経由させることとしたものと考えられる。

だが、そもそも日野城下に「定條々」が出された天正十年十二月二十九日という時期に疑問が残る。前述のとおり、以前から町が存在した可能性が高く、あえてこの時期にこうした法令を出す必要性が無い内容である。強いて言うなら、賢秀が以前出したものを、家督を継いだ氏郷が、それを追認する為に出したとも考えられるのであるが、そもそも「定條々」は、原本が確認されておらず、実際に出されたかどうかは不明なのである。

次に、松坂の城下について見てみよう。

『松坂権興雑』には、氏郷が天正十六年十一月晦日に、家臣三人に対し、町人に申し聞かせるように命じた「蒲生飛騨守氏郷町中掟之事」〔史料20〕を出したとある。

この掟には、日野の「定條々」と同じく、既得権益を無視する楽市（十楽）令や、現在の債権者を優遇する徳政令免除などの項目が見られる。この掟についても原本が確認されていないため評価は難しいが、実際に掟が出されたとすれば、松坂についても元々町があり、そこを中心に町人居住地が再整備されたことになろう。

一方、独自の条項で特徴的なものは、第五条の武家居住地に店を出し商売をすることの禁止であり、武家居住地と町人居城地との分化が図られていることがわかる。

また、第十条では松ヶ島から全ての町人を移転させる一方、百姓の移転を禁じている。これは、松坂城下の整備を進めると同時に、松ヶ島を農村として再整備する事を意図して示された一般的な政策であると考えられる。

一方、城下には近江日野から移住してきた商人がおり、近江の畳表・蚊帳などを商う者が多かったと言われている。そこで、日野町が設け

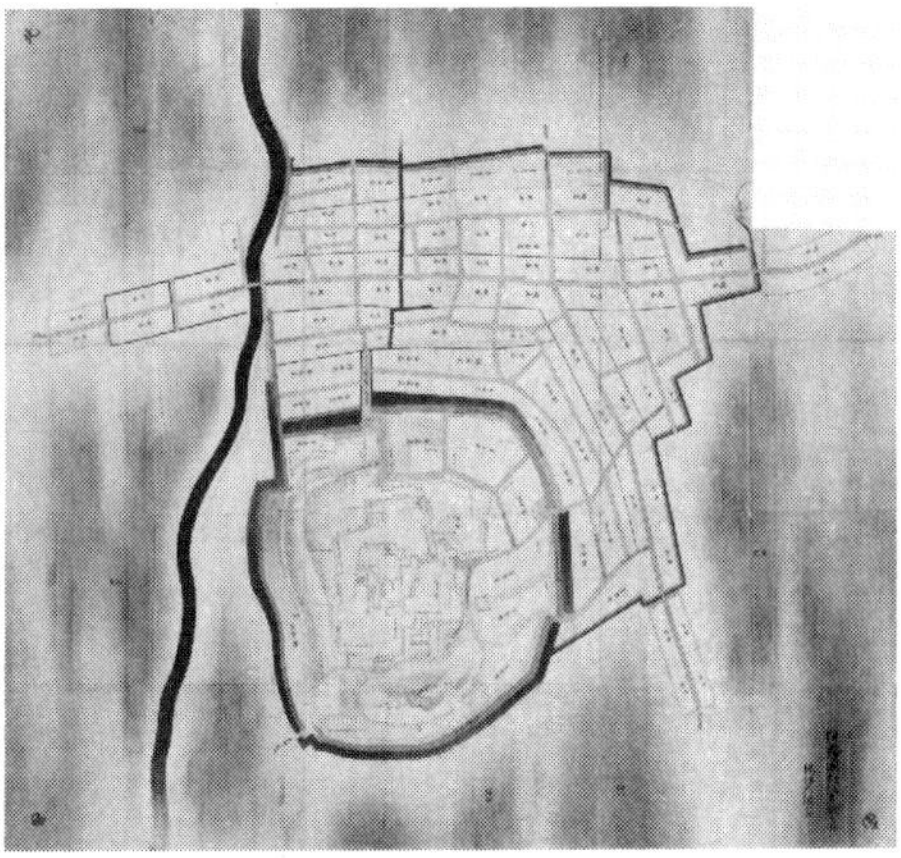
松阪古城之図（正保元年）（国立国会図書館蔵）

られたとされており、現在も松阪市の中町から湊町までの間の参宮街道筋を指す町名として「日野町」の名が残る。

この点について、前述のとおり保内商人と小幡商人の間の争論の記録には、十五世紀前半に日野市が伊勢との交易の拠点となっていたと考えられる記述がある。当時の日野に、氏郷の時代まで続く商人が居たかは不明だが、少なくとも日野と伊勢には戦国時代以前から交易を通じて深い関係があり、商人が活動する素地があったことがわかる。

では、最後に会津の城下についてはどうであろうか。

氏郷は、文禄元年(一五九二)から黒川城の改修を始めたとされる。そこで「定」〔史料21〕を出したとされるが、これについては『近江日野町志』巻上に所収されているものの、典拠不明であり、元号にも疑問があるため、あくまで参考として扱うこととする。

これを見る限り、「定」とあるものの、日野や松坂の内容と比べると、住民に対する決まり事というよりは、城下の普請計画あるいは城下全体の運用に関わる内容であることが大きな違いである。

特徴的な条項として、第五条において、松坂で示されたものよりやや強めに、武家居住地と町人居住地の明確な分化が指示されていることが挙げられる。

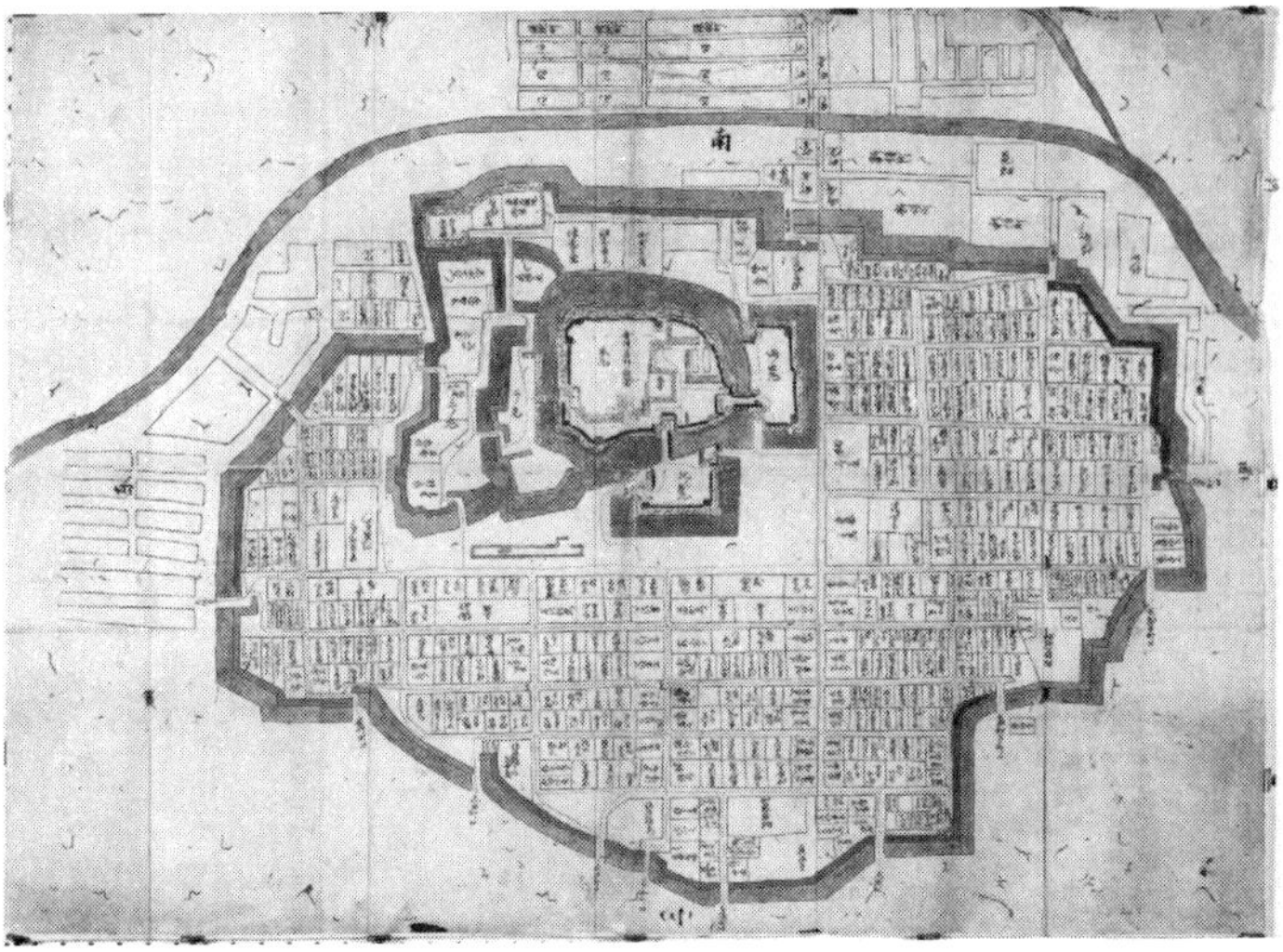

会津若松城及城邸古図（甲賀市水口図書館蔵）

会津若松に残る甲賀町口門跡

なお、『会津旧事合考』には、松坂の城下整備の時と同様に、郭外北口から直線上に日野町（後の甲賀町）がつくられ、近江日野から移住した日野商人たちがこの通り沿いに屋敷地を与えられたとされる。前任地の松坂ではなく、日野からと伝えられること自体、氏郷や家臣団、移り住んだ人々の故郷への想いが込められた伝承であると言えよう。

第四章　趣味人氏郷伝説

千利休が愛でた「飛もじ」

氏郷は勇猛な武人であるだけでなく、和歌や茶の湯、能などに秀でた一流の文化人であった。中でも茶の湯については、千利休と氏郷との深い結びつきが史料に残る。

例えば、「正月廿九日付慶忠宛自筆消息写」〔史料22〕には、利休が氏郷のことを「忠もしさま」と称しており、「日付欠芝監宛自筆消息」〔史料23〕にも「忠もしさま」とある。

また、「(天正十五年)十九日付両三人宛自筆消息」〔史料24〕には、「松賀嶋殿」「松殿」「飛もじ」と三度呼称を変えて登場している。これについて、柏本雄幸氏は「千利休書簡における人物呼称」の中で、利休が親交の深かった氏郷を「飛もし・忠もし」、前田利家を「筑もし」、細川忠興を「与もし・越もし」と記していることから、「もじ言葉には相手を大事なものとして扱った印象がする」と述べている。また、これは一般的に異性間の手紙で使われる用法であるにもかかわらず、彼らの間では間違いなく使われていることから、「数寄人達の客に対するうちとけた位層的表現かもしれない」としている。単なる親交から生まれたものではなく、親しい茶人同志だからこその表現とでも言うべきものだろうか。

そもそもこの書状は、利休が「早舟」と名付けた茶碗を氏郷に譲る際のやり取りを記したものである。書中にある「早舟」とは、楽焼の創始者である「長次郎」作の茶碗のうち、利休が名作と見立てたと伝えられる七種のうちの一つである。利休が「茶会のため高麗から早船で運ばせた」と偽ったという逸話からその名が付けられたという。書中には、細川幽斎や古田織部らが早舟を譲ってもらおうとしたが、利休は氏郷に譲ることにしたことが記されている。親しみを込めた呼び名もさることながら、そこには利休の氏郷に対する強い親愛の意を感じるのである。

さて、江岑宗左《こうしんそうさ》が寛文二年(一六六二)に記した『江岑夏書《げがき》』には、「利休弟子衆七人衆」として、「一番　かもふ飛騨守殿(氏郷)以下、高山右近、細川忠興、芝山監物、瀬田掃部《かもん》、牧村利貞、古田織部」といった武将で茶人である七名が記されている。のちに利休七哲と称されるようになり、諸書により若干メンバーが異なるものの、氏郷は常に筆頭に記されることが知られている。また、この七人衆の中に高山右近とともに、氏郷にキリシタンになるよう説得した牧村利貞が居ることは興味深い。

ところで、これも諸氏が採り上げることだが、氏郷と利休の関係で忘れてはならない事柄がある。天正十九年二月二十八日の千利休切腹である。『千利休由緒書』〔史料25〕には、千家が存続の危機を迎えた際、二人の息子のうち、次男少庵を氏郷が保護したことが記される。

氏郷が少庵のために鶴ヶ城内に建てた茶室「麟閣」

その後氏郷は、徳川家康とともに秀吉へのとりなしに尽力した結果、少庵は許され、文禄三年(一五九四)十一月十三日付で家康・氏郷連署の赦免状、いわゆる「少庵召出状」が出されたのである。その日付から、赦免状が出される直前、十月二十五日に行われた京屋敷への秀吉の御成の際に、赦免を願い出たと考えられよう。目に見えて病状が悪化する中で行われた訴えは、秀吉にとっても鬼気迫るものだったのではなかろうか。

いずれにせよ、少庵の帰洛により千家の再興が図られ、現在に続くことになった功績を考えれば、氏郷が利休七哲の筆頭とされることは、当然のことなのかもしれない。

好評を得た演能

能は音楽「謡」と舞踊「所作」が一体となった歌舞劇である。鎌倉時代後期、滑稽中心の芸能である「猿楽」や、田植の歌舞・群舞として、平安・鎌倉時代の代表的な芸能であった「田楽」から生まれたとされる。これらに強い関心を持った足利将軍や武将たちが役者を庇護し、幕府においては式楽(儀礼用の楽)として、さまざまな公式行事で演じられるようになった。以後、各地の武将たちの能楽愛好志向の上昇と呼応するように、武将を頼って各地に下向する役者が激増し、戦国武将とお抱え役者という関係が築かれるようになり、やがて織豊期を迎えたのだった。

この能を演じる舞台は、当初専用の常設舞台ではなく、神社の境内に設けられた仮設のものや御殿の広間などが使われていたとされる。それが常設化するのは織豊期以降と考えられており、これまで発掘調査などで確認された最古のものは、肥前名護屋の堀秀治陣跡の能舞台遺構（長崎県唐津市）、あるいは真壁城跡舞台状遺構（茨城県桜川市）で、十六世紀末と考えられている。

一方、現存する能舞台として最古とされるのは、国宝西本願寺北能舞台（京都府京都市）で、本願寺の坊官下間少進《しもつましょうじん》が徳川家康から拝領し、後に本願寺に寄進したとされる。さらに、寺伝によると聚楽第遺構と伝えられており、解体修理において天正九年（一五八一）の墨書が確認されている。また、国の重要文化財となっている沼名前《ぬなくま》神社能舞台（広島県福山市）は初代福山藩主の水野勝成が徳川家康から拝領した伏見城の遺構と伝えられ、全国的にも類例が少ない組立式能舞台遺構として知られている。

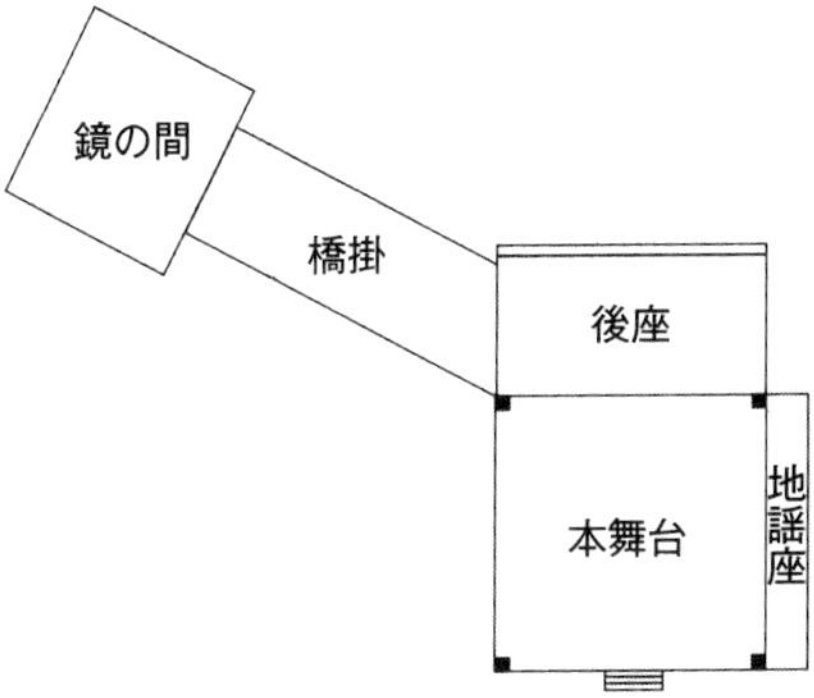

能舞台見取図

江戸時代以降の一般的な能舞台は、四本の柱によって囲まれ「シテ（主役）」や「ツレ（助演者）」が演技をする「本舞台」、場面の情景や登場人物の心理描写などを謡で描く地謡《じうたい》が座る「地謡座」、楽器演奏者が座る「後座《あとざ》」、本舞台と楽屋を結ぶ通路であり演出も行われる「橋掛《はしがかり》」で構成されている。ところが、織豊期以前の絵画や文書などをみると、本舞台の規模や地謡座の有無、橋掛の有無など時代や場所によってさまざまなバリエーションがあったと考えられる。

ではまず、氏郷も舞った文禄二年（一五九三）十月の禁中能のために御所紫宸殿南庭に造られた能舞台について見てみよう。『時慶卿記《ときよしきょうき》』によると、この舞台の設営は民部卿《みんぶきょう》法印《ほういん》前田玄以が担当しており、その概要については、時の関白豊臣秀次の右筆であった駒井中務少輔重勝が残した『駒井日記』などに記されている。

それによると本舞台は一間を八尺（約二・四m）として、二間（約四・八m）四方の規模で、地謡座が無く、高さ二尺三寸（約〇・七m）のものである。付属する後座の幅は九尺（約二・七m）で、橋掛は幅が五尺五寸（約一・七m）だが、長さについては当時の代表的な役者・座（流派）によって違いがあった。まず観世流が長さ五間五尺（約一三・五m）に対して、金春流は、七間五尺（一八・三m）と流派によって規格が異なっていたことが記されている。楽屋も秀吉の「太閤様御楽屋」と「諸大名楽屋」は、別室あるいは別棟となっていた。

禁中能直前の十月三日には、秀吉がこの舞台の検分を行っており、酒の酔いもあってか、参内した衣装のまま能を舞っただけでなく、氏郷たちに橋掛（懸）を歩かせており、公家や諸侯が恐れ入ってただ見物するばかりだったという（『駒井日記』）。

禁中能は十月五・七・十一日の三日間であったが、主催した豊臣秀吉は、九月三十日と十月二日にリハーサルと考えられる能を、羽柴筑前守（前田利家）邸と浅野弾正（長吉）邸で行っている。

浅野邸では氏郷も三番目に能「誓願寺」を演じている（『駒井日記』「文禄二年十月六日条」）。〔史料26〕

さて、禁中能の主役は専門家である能楽師ではなく、権力者である豊臣秀吉とその配下の武将達である。初日は能が九番、狂言が二番演じられたが、当初は能が十一番の予定であった。二番の能が降雨で中止となったが、そのトリは、「忠三郎（氏郷）」で、「鵜羽」のシテを演じる予定であった。

二日目は能が七番、狂言が二番演じられ、氏郷は四番目の能「鵜飼」のシテを演じた。その演技について、当時能の第一人者であった近衛信尹《のぶただ》が「見事也」と賞している。簡素な評価だが、これは細川幽斎（藤孝）への「近年ノ出来様也」が「別格」の賛辞、常信（織田信雄）への「殊勝丶」が「かなり良い」という賛辞、宇喜多秀家への「所存之外見事也」

が「意外に良かった」であるということと比べても、氏郷の評価の高さがうかがえる。
ところで、氏郷が禁中能で演じたあるいは演じる予定であった演目が、いずれも「鵜」に関わるものであるのは偶然であろうか。それとも何らかの思いがあっての事であろうか。

参考　能「鵜飼」のあらすじ

能「鵜飼」後場の閻魔大王　シテ：吉浪壽晃
（撮影：牛窓雅之）

安房の国、清澄の僧が甲斐の国へ行脚の途中、宿を借りられず石和川のほとりのお堂で夜を明かしていると、鵜使いの老人が鵜を休めにやって来た。僧の一人が二、三年前に石和川で出会い、もてなしを受けた鵜使いの老人の話をすると、鵜使いは、「その老人は固く殺生を禁じられた場所で毎夜鵜を使った罪により、命乞いも空しく簀巻きにされ、水中に沈められ殺されたのだ。そして、私こそ、その老人の霊」と明かした。これを聞いた僧の勧めにより、懺悔のため鵜を使い、我を忘れて夢中で魚を追うその姿は、やがて月の出とともに消えて行った。僧達は法華経の文字を河原の石に一字ずつ書き付けて川に沈め、供養したところ地獄の閻魔大王が現れ、殺生を重ねた漁師の霊は、生前僧をもてなした功徳により救われたことを告げ、法華経の徳を讃えた。

第五章　氏郷伝説エトセトラ

日野鉄砲と氏郷

日野における火縄銃（通称「日野鉄砲」）の生産と氏郷を関連付ける記事が書かれることがたまにある。

これについて、日野では中世末から火縄銃の生産が始まったと伝えられている。その最も早い時期としては、天文三年（一五三四）であり、第三章でも紹介した『蒲生旧趾考』に記された「天文三年日野城下町割」に、「鉄炮町」の名を見ることができる。また、同書には、天文十二年（一五四三）に鉄砲生産が開始されたとも記されている。〔史料27〕

しかし、これらはいずれも一般的に火縄銃が日本に伝来したとされる天文十二年

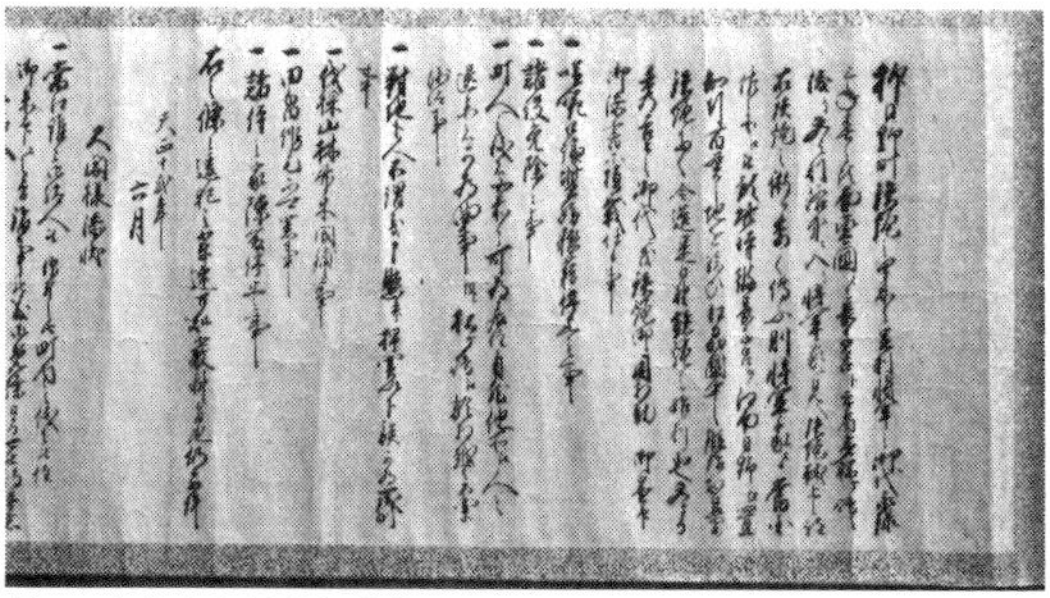
「和田家文書」鉄砲伝来部分（近江日野商人館保管）

（一五四三）より前のことである。他の鉄砲生産地の例から見ても、この時期に日野で組織的な鉄砲生産が始まっていたとは考え難い。

つづいて、永禄三年（一五六〇）に、足利将軍家から六角氏に預けられた南蛮国の長子呂《ちょうしろ》という人物が日野に置かれ、国中の鉄砲鍛冶を集めて生産を開始したというものがある。これは、近世日野の鉄砲鍛冶であった和田家に伝わった『和田家文書（近江日野商人館保管）』〔史料28〕に記されており、これらが日野の鉄砲生産の始まりに関わる伝承である。

一方、これらと異なり、「そもそも由緒が伝わっていない」（「元文三年日野大窪町村明細帳」『中井源左衛門家文書』〔史料29〕）というものがあることは興味深い。

以上が、日野の鉄砲生産開始に関わるものであるが、近江の鉄砲産地として有名な国友村（長浜市）では、天文年間末期に鉄砲が造られた可能性が高いと考えられている。以後、織田信長をはじめとする諸大名が、合戦での使用例・使用数の増加に伴い生産数が増加し、これにより日野でも鉄砲生産が始まったと考えられる。

では、日野でまとまった数の鉄砲生産が行われたのはいつであろうか。

これについても伝承の域を出ないが、慶長五年（一六〇〇）の関ヶ原合戦前に、町役人の西田次郎七と鉄砲鍛冶の田中弥次右衛門・周防弥六郎が、徳川家康に鉄砲三百挺を献上したとされる（『和田家文書』）。

さらに、慶長十九年（一六一四）の大坂冬の陣の際には、徳川方に日野鉄鉋を献上したという（『和田家文書』）。

翌慶長二十年（一六一五）には、鯰尾兜で有名な堀丹後守が、日野鉄砲屋の町田佐吉に三百挺の鉄砲を発注しており、その写が伝わっている（『蒲生旧趾考』巻五）。これについては、翌年と考えられる年未詳二月十七日付けの鉄砲二五五挺の「鉄砲請取覚」が提出されていることから、発注された三百挺の内、慶長二十年にまず四五挺が納品され、のちに二五五挺が納められたと考えられている。

以上のように、日野で鉄砲生産が開始され、大量生産が行われたと考えられる時期については、現時点において同時代の史料は確認されていない。したがって、氏郷を含め蒲生氏と日野鉄砲の関わりを示す史料も確認されておらず、あくまで伝承の域を出ないのである。

では、蒲生氏と日野鉄砲のつながりを示す史料は無いのであろうか。

結論から言えば存在する。但しそれは、氏郷ではなく孫にあたる忠郷のことである。

蒲生忠郷は、慶長十七年（一六一二）、父秀行の死去によりわずか十歳で蒲生家の家督を相続し、会津六〇万石の太守となった。

日野鉄砲との関係が見られるのは、元和九年（一六二三）閏八月五日のことで、忠郷の家臣である南七郎左衛門尉が、日野の町役人西田先右衛門《まずえもん》に対し、日野新町の西田邸内に預けられた弾薬数の報告を求めている。

翌寛永元年（一六二四）には、忠郷が西田先右衛門に対し、大筒一五挺・小筒二百挺の購入とともに、「日野で召し抱えた鉄砲の者」の給銀の支払いを任せている（『西田先兵衛氏文書』）。「鉄砲の者」については不明だが、恐らく鉄砲組を構成する射撃手であると考えられ、日野の西田家が、蒲生家の鉄砲隊の雇用・管理に関わっていたことがうかがえる。

実は、この記録が同時代の史料により日野鉄砲の生産が確認できる最古のものであり、蒲生氏と日野鉄砲の関わりが確認できる史料ともなっている。西田家と蒲生家の関係は、忠郷の跡を継いだ忠知の代まで続いたが、寛永十一年（一六三四）八月に忠知が急死したことで、終わりを迎えたと考えられている。

では次に、現存する鉄砲を見てみよう。

現在、日野町内だけでも日野で生産されたと考えられる火縄銃が五十数挺残る他、全国各地の博物館等においても複数確認されている。この内、最古と考えられるものは、設楽原歴史資料館（愛知県新城市）に保管されたもの（個人蔵）で、銃身に「寛永二年（一六二五）」の銘が見られる。一方、日野町内に現存するものについては、全て十七世紀後半以降に製作されたと考えられている（『近江日野の歴史』第五巻　文化財編）。つまり、現存する日野鉄砲でさかのぼることができる時代は、江戸時代初期までなのである。

このように、状況的には賢秀や氏郷の時期に、日野で鉄砲が生産されていた可能性はあるものの、その確証については得られていない。しかし、忠知まで続いた蒲生氏と日野鉄砲との関わりが、のちの鉄砲鍛冶が蒲生氏への畏敬の念を育んだ結果、蒲生氏を代表する氏郷と日野鉄砲を結びつけることになったと考えられよう。

日野菜と氏郷――月岡派と蒲生氏

日野菜は、日野町を代表する伝統野菜として知られている。

日野菜について、『近江日野町志』巻中には、蒲生貞秀が居城の音羽城近くの爺父渓《やぶそ》の観音堂を参詣した際に、自生しているものを発見し、漬物にしたのが始まりと伝えられる。桜色に染まった漬物を公家に贈ったところ、飛鳥井雅親から後柏原天皇に献上され、それに対し、天皇から雅親へ「桜漬」という和歌を詠むように命じ、その和歌が貞秀に送られたとされるもので、広く知られている伝承である。

ここで登場する飛鳥井家は、鎌倉時代前期に始まる歌道・蹴鞠を家業とする公家で、甲賀郡柏木（滋賀県甲賀市）に領地があり、しばしば近江へ下向したため、当時の当主雅親は、「柏木殿」と呼ばれていた。貞秀は、雅親ら飛鳥井家の人々と親交があったことは確かで、貞秀の歌会の題を飛鳥井家の人々が出している（『再昌草』）。

しかしながら、一連の内容が記された当時の記録や肝心の和歌自体確認されていない為に、あくまで伝承の域を出ないのである。しかも、この伝承の主役は貞秀であり、氏郷と結びつくことは無い。

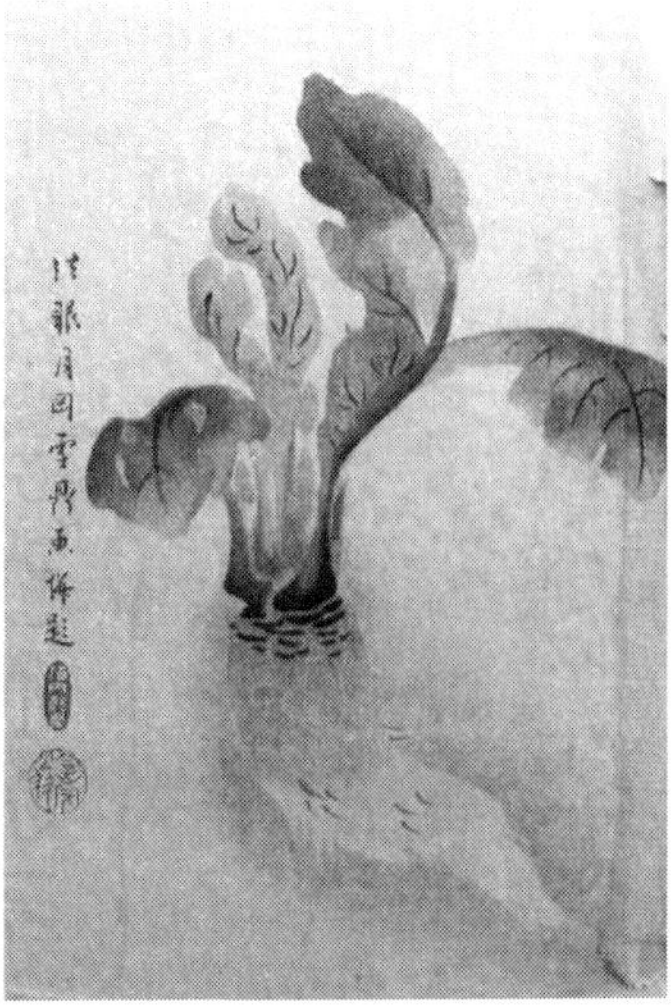

日野菜の図（『近江日野町史』より）

さて、『近江日野町志』の見返しには、江戸時代中期から後期に活躍した日野の大谷出身の絵師「月岡雪鼎《せってい》」が描いた日野菜の絵があり、明治時代以降の品種改良により、現在の細長い形になる以前の太めの姿が描かれている。興味深いのは、そこに添えられた賛〔史料30〕である。

当時、雪鼎は難波に住んでおり、故郷から届いた日野菜について次のように記している。そこには、昔、蒲生氏郷が日野、会津、松山と移った際に、その三カ所に蕪菘《かぶすずな》を植えたため「蒲生蕪」または、「ひの菘」と呼ばれ名産となったが、種を取って他所で育てたところ、普通の蕪になってしまったというのである。

日野菜が農書や本草書などで広く知られるようになったのは江戸時代中期であり、雪鼎の活動した時期と一致する。では、氏郷と日野菜はいつどこで結びついたのであろうか。現時点ではそれがわかる史資料は、これ以外には見られず謎であるが、ヒントとなるとすれば、この絵に添えられた賛の「日野、会津、松山と移った際に……」という部分であろう。日野と会津はともかく、松山については氏郷と関係は見られない。あくまで孫の忠知の封地である。恐らく日野菜に関する一連の伝承が流布される中で、鉄砲と同様に蒲生氏を代表する氏郷と日野菜が結びつけられた結果、「日野菜と氏郷」という組み合わせが作られたと考えられる。

さて、月岡派と蒲生氏や氏郷との関わりは、これだけではない。雪鼎の養子であり（諸説あり）、幕末から明治中期にかけて活動した浮世絵師である「月岡芳年」も、氏郷と貞秀を題材にした作品を描いている。

一点は、慶応元年（一八六五）に描かれた『和漢百物語』の「登喜大四郎《ときだいしろう》」という作品である。詞書を意訳すると、「我茂（蒲生）氏郷が、甲州猪の原山で陣を構えた際、近くの古寺の妖変を聞いた家臣登喜大四郎が古寺に出向いた。すると数多くの化け物がおり、仁王の化け物を投げ飛ばしたところ、その勇敢さに化け物たちは姿を消した」という話を元に描いたものである。

もう一点は、明治二十三年（一八九〇）に描かれた『新形三十六怪撰』の「蒲生貞秀臣土岐元貞甲州猪鼻山魔王投倒図《まおうなげたおしのず》」である。

登喜大四郎『和漢百物語』

絵自体が奇怪なものであるが、それ以上に奇怪なのは、この二点は二十五年の時間差があるにもかかわらず、同じ題目で描かれており、なおかつ「氏郷」が「貞秀」、「登喜大四郎」が「土岐元貞」に変更されている点である。しかも、後から描かれた「蒲生貞秀臣土岐元貞甲州猪鼻山魔王投倒図」は、寛保年間に成立した、会津地方の怪談奇話集『老媼茶《ろうおうさ》話《わ》』に収められた「猪鼻山天狗」を元にしている。「登喜大四郎」の詞書から、「猪鼻山天狗」を元にしていることは明らかで、なぜ初めに主役を「氏郷」に置き換えた「登喜大四郎」を描き、それを二十五年後に原題というべき「蒲生貞秀臣土岐元貞甲州猪鼻山魔王投倒図」に描きなおしたのかなど謎は深い。

この内、「貞秀」をあえて「氏郷」に変更していることは、芳年が蒲生氏に関して知識があったことを示していよう。とすれば、月岡氏が蒲生氏発祥の地である日野の出身ということも認識していたと考えられる。そうした中、まず蒲生氏の中で著名であった「氏郷」を描き、その後、蒲生氏に関する顕彰を進め「貞秀」の業績を評価した結果、「蒲生貞秀臣土岐元貞甲州猪鼻山魔王投倒図」を描くに至ったのではなかろうか。そして、前後関係はそう推察されるにしても、そもそも「氏郷」や「貞秀」を題材に定めたこと自体が重要であると考えられる。

これは、ここまで述べてきたすべての伝承について言えるのであるが、恐らく、「蒲生氏」は、断絶した以降においても、日野に由緒をもつ人々にとってのアイデンティティとなっていたのではなかろうか。

もうひとつの氏郷銅像

現在、日野町上野田《こうづけだ》の雲雀野に立つ蒲生氏郷の銅像は、昭和六十三年（一九八八）に再建されたものであるが、大正八年（一九一九）から昭和十九年（一九四四）までは、やや異なる場所に別の銅像が立っていた。

当時まとめられた『蒲生氏郷卿銅像除幕記念帖』には、今はなき初代銅像の除幕式の様子や経過報告、式次第、関係者の祝辞などの資料がまとめられている。

そこからは、当時銅像建設に関係した人々の並々ならぬ熱意が伝わってくるのである。

大正六年（一九一七）六月、日野町長野田東三郎《とうさぶろう》らを発起人代表として、蒲生氏を代表する氏郷の石碑建設が協議された。その結果、「小規模な石碑ではなく大型の銅像を建設する」こととし、日野町教育会の事業として行うことに決定した。

これにより、九月九日には「蒲生氏郷卿頌徳大講演会」が開催され、日野町誌編纂主任の池田毅氏が「蒲生氏郷卿の情的方面」、顧問である蒲生郡誌編纂主任の中川泉三氏が「蒲生氏と近江商人」、東京帝国大学教授の三上参次氏が「蒲生氏郷卿に就いて」と題して講演を行った。この時、会場の日野尋常高等小学校の講堂に集まった聴衆は三千人であったという。

翌、大正七年五月、事業が着手されることとなり、その際、日野町教育会がまとめた趣意書には、「(前略)武略に於いて能く一世を蓋《おお》ひ其の剛勇偉略亦実に後人を激励せしむること大なるものあり(後略)」と氏郷を評している。第一次世界大戦下の影響もあろうが、武将としての氏郷を高く評価していることがわかる一文である。

ところで、銅像建設にあたり苦慮したのはデザインである。この内、容貌については、三上氏の指導により全国各地の画像が集められ、興徳寺(会津若松市)が所蔵する肖像画(元和七年西光寺蔵模本)に決定された。一方、鯰尾兜については、京都帝室博物館学芸委員の関保之助氏に問い合わせ、稲垣子爵家の所蔵品を模すこととなり、デザインがまとめられた。この稲垣子爵家とは、旧鳥羽藩稲垣家と考えられる。しかし、同家がどのような兜を所蔵していたかは不明であり、結果的に烏帽子形に近い形に仕上がっている。全体的なイ

蒲生氏郷銅像制作風景

メージは、肥前名護屋に出陣した際、近江に入った所で馬を停め綿向山を望み、「おもひきや人の行ゑそ定めなき我が故郷をよそにみんとは」と歌を詠んだ姿となった。

　こうしてまとめられたデザインを元に、彫刻家の石本曉海氏により原型作製が行われた。原型完成後、東京美術学校助教授の坂口肫氏指導のもと、能登川村（東近江市）の鋳造家「亀文堂《きぶんどう》」の波多野泰次郎・波多野亀三郎兄弟が鋳造にあたった結果、大正八年二月十七日に、高さ八尺三寸（約二・五ｍ）、重さ三五〇余貫（約一・三トン）の銅像が完成したのであった。

　また、銅像製作に合わせて像が設置される築山の設計が、京都の園芸家小川白楊氏に依頼され、日野町の川並忠吉氏により工事が行われた。

　こうして完成した銅像は、同年四月二十六日に除幕式を迎えることになる。

当日、日野駅前と上野田地区の西端にはアーチが作られ、雲雀野までの沿道の家の軒先には、桜の造花や提灯などが華やかに飾られた。さらに、会場の東西両辺には各字から集められた花幟《はなのぼり》（ホイノボリ）が並べられた。

午前八時二十九分、除幕を依頼された加賀前田家第十六代当主の前田利爲《としなり》公爵の代理で、前田土佐守家第十一代当主の前田直行《なおつら》男爵が汽車で日野駅に到着し、休憩所の旅館「春暉亭」で待機した。この除幕者の人選は、当然ながら氏郷と前田利家、前田利政（氏郷の娘婿・土佐守家祖）の縁によるものであったことは言うまでもなかろう。

他の来賓諸氏も雲雀野に集まり受付を行い、町外からの来賓は春暉亭、町内の来賓は西本誓寺に入って開会時刻を待ったのである。

午前十一時、三発の祝砲を合図に、係員・小学校児童・女学校生徒が会場に整列、次いで来賓が着席するとともに雅楽の演奏が行われ、その後、式は次第にしたがって粛々と進められ正午ごろには終了した。

また、式の後、前田男爵により、記念として銅像の右斜め前に月桂樹が植樹されている。

その後、小学校の講堂において約三百余人の来賓による宴会が催された。この時出された日本酒は、瓶の上部に「蒲生氏郷卿銅像除幕式記念酒」、下部に「氏郷」の銘と「思いきや我がふるさとに花の宴」と書かれたラベルが貼られた特注品であった。さらに、酒が注がれた盃も内側に氏郷辞世の句、外側には「蒲生公銅像除幕式記念」と染められたものであり、「特製氏郷饅頭」も配られたのであった。

宴会は午後三時ごろに閉会となったが、その後、各々町内の散策やさまざまな余興見物を楽しんだのである。

例えば、信楽院では、氏郷の遺品や蒲生氏に関する古文書・武具・仏像などを展示した「遺品展覧会」が開かれた。

また、日野商工会主催による武者行列が行われ、騎馬武者四名、甲冑武者六十八名、その他雑兵など十二名が、法螺貝や陣太鼓に合わせて日野駅前と馬見岡綿向神社の間をねり歩き、見物人の喝采を浴びたのである。

一方、雲雀原頭演武場では、日渓演武会の主催による「源平試合」が行われた。これは、日野青年団員から選抜された五十名が紅白二隊にわかれ、各々防具の頭に紅白の紙をつけた竹を挿し、竹刀でこれを打ち落として、落とした数が多い方か、あるいは、紅白それぞれに一名ずついた大将の竹を落とせば勝ちというものであった。

その他、神輿なども練り歩くなどかなりの賑わいとなり、結果、五万人もの人々が集まったといわれる。

このように、さまざまな人々の氏郷への思いが込められた初代銅像であったが、残念な

蒲生氏郷銅像
(『蒲生氏郷卿銅像除幕記念帖』より)

から太平洋戦争中の昭和十九年二月十五日に金属供出のため失われた。

しかし、この銅像が造られたことは、大正十一年(一九二二)の『近江蒲生郡志』の刊行、さらには、昭和五年(一九三〇)の『近江日野町志』の刊行への弾みになったことは間違いなかろう。無論、これには三上参次氏や中川泉三氏の功績も大きいのであるが、彼らも含め、こうした地域顕彰のシンボルとして蒲生氏郷を選んだ当時の関係者全ての功績と言えよう。

そういう意味では、氏郷は趣意書にあるような武略による「剛勇偉略亦実に後人を激励せしむる」だけでなく、文化人としても後人を激励しており、それは現代までも続いていると感じるのである。

あとがき

平成五年度の安土城の発掘調査補助員として始まった滋賀県との関わりは、いつの間にか故郷で過ごした年月よりもはるかに永いものとなった。

元々、城郭や戦国武将が好きであったものの、当初、蒲生氏郷についてはは概要を知っている程度であった。その後、平成十七年に日野町立図書館に勤務していた際に、氏郷の生誕四五〇年記念の企画展を行うこととなり、担当として氏郷の生涯を自分なりにまとめたことが、今にして思えば全ての始まりであった。その際、古文書や城郭などの写真をパネルにして展示、関連企画として親子向けにオリジナルの鯰尾兜や兜型お面のペーパークラフト教室を行った。以来、それらを元に検証を進めたものが、今回の原案となったからである。また、諸所で行った氏郷や他の武将などの講演内容も、今回の素材となっている。本稿がオムニバスのような体裁となったのは、こうした影響もある。

本稿はなるべく一次史料に拠りながら、あまり知られていないが興味深いと思われる事柄を検証・紹介することを目指した。よって、当然ながらそこから漏れた事項の中にも、重要なものはあろう。その点に関しては、紙面の都合以上に、筆者の能力の限界によるところである。確かに、自分なりに根拠を抑えながら検証を行ったつもりではあるが、詰めの部分で、歴史や文献を専門的に学んだわけではないということを思い知らされたからである。その点については、本稿だけではなく、様々な場面でご指導や刺激をいただいた諸先輩方に対し、申し訳ない思いでいっぱいである。

特に、城郭その他について大きな影響、刺激を与えていただいている滋賀県立大学名誉教授の中井均氏や、城郭談話会の諸先輩、北伊勢地方の事例について以前よりご教示いただいている亀山隆氏、記事として採り上げることに快諾いただいた各地の寺社のご住職・宮司の皆様、近世の史資料等についてご教示いただいた日野町教育委員会岡井健司氏、史料の翻刻でご協力いただいた日野町古文書調査員の吉川邦子氏、鵜飼の演能資料について、ご協力いただいた吉浪寿晃氏、その他、すべての方のお名前を挙げることができないが、関係各位にお詫びとお礼申し上げたい。また、文末であるが、本稿を執筆する機会をいただくと同時に、企画でも様々な意見交換をさせていただいたサンライズ出版岩根治美氏にお礼を申し上げたい。

蛇足であるが、本稿が蒲生氏郷について皆様の探求心を深める一助になることを願うものである。

振角卓哉

二〇二一年六月

蒲生氏郷略年表

元号	西暦	主な出来事
永正十一	一五一四	3月5日、蒲生貞秀死去(71歳)。
大永二	一五二二	6月11日、蒲生秀紀、兵衛尉に任官。 7月20日、六角定頼軍2万が蒲生秀紀の音羽城を攻囲。後詰合戦が各地で起こる。
大永三	一五二三	3月、京極家家督争い「大吉寺梅本坊の公事」が起こる。 3月8日、音羽城開城。六角氏の命で破城。
大永五	一五二五	六角定頼が湖北を掌握。
大永七	一五二七	秋、定秀に家督を譲った高郷が内池に別邸を建て移るという。
享禄三	一五三〇	6月4日、蒲生高郷死去(49歳)。 8月、足利義晴の先鋒として、三雲・蒲生定秀らが坂本出陣。
享禄四	一五三一	4月6日、坂田郡箕浦河原で六角定頼と浅井亮政が合戦し、六角方が勝利。蒲生定秀は六角方として戦功を立てるが、家臣も多数討死。
天文二	一五三三	春頃、京極氏と六角氏が和睦し、浅井氏が六角氏に降るという。
天文三	一五三四	秋、蒲生定秀が左兵衛太夫に任官。
天文五	一五三六	7月、延暦寺と六角家臣後藤、蒲生氏ほかが、京の法華一揆を攻撃の上、京に放火。京の大半が焼失。
天文八	一五三九	10月、足利義晴の要請で六角定頼上洛。細川晴元と三好長慶の不和の調停を行う。蒲生3騎ほかが六角定頼にさきがけ入京。

元号	西暦	主な出来事
天文九	一五四〇	9月2日、六角義賢が伊勢に出陣。千草城を落とす。
弘治二	一五五六	10月、小倉三河守が北伊勢に出兵。蒲生鶴千代(氏郷)誕生。
弘治三	一五五七	7月、小倉三河守が北伊勢に出兵。
永禄五	一五六二	六角氏が将軍不在の京を管理下に置く。
永禄六	一五六三	10月1日、六角義弼、観音寺城で後藤賢豊・氏豊親子を殺害する(観音寺騒動)。 10月8日、六角義弼、観音寺城を脱出し日野の蒲生定秀を頼る。
永禄七	一五六四	3月16日、和南山合戦で小倉実隆が急死。 3月23日、小倉右京太夫が永源寺塔中に焼討。 5月23日小倉右京太夫が永源寺の塔中を再び焼討。
永禄八	一五六五	5月19日、松永久秀が挙兵し、将軍足利義輝が二条御所で自刃。
永禄九	一五六六	9月、浅井氏と六角氏の合戦で浅井勢が大勝という。
永禄十	一五六七	2月22日頃、里村紹巴が来訪。賢秀・鶴千代親子が歓待。 4月、六角氏式目制定。
永禄十一	一五六八	9月7日、織田信長、近江侵攻。 9月12日夜、織田勢が箕作城を攻撃し落城。六角氏は観音寺城を焼き逃亡。 9月13日、信長、観音寺城入城。六角家臣の7名が信長に臣従。

元号	西暦	主な出来事
永禄十二	一五六九	鶴千代元服し「忠三郎賦秀」と名乗る。 8月28日、信長、北畠氏の伊勢大河内城攻撃。賢秀は南の山に布陣。冬、 氏郷は信長の息女を娶るという。
元亀元	一五七〇	5月19日、信長、賢秀ほかの援助により千草越で岐阜帰国。 6月28日、姉川合戦。
元亀四 天正元	一五七三	4月10日、賢秀ほかが六角義治の鯰江城を攻囲。 7月17日、槇島城攻めに賢秀・氏郷親子が参陣。 8月8日、小谷城攻めに賢秀・氏郷親子が参陣。 関盛信、信長の命で日野に幽閉。
天正二	一五七四	7月13日、氏郷、伊勢長島攻めに参陣。 8月22日、関盛信が樋口直房夫妻を捕らえる。
天正三	一五七五	5月21日、氏郷、長篠合戦に参陣。
天正四	一五七六	1月、安土城築城開始。蒲生氏も人夫を動員。
天正六	一五七八	11月3日、氏郷、有岡城攻めに参陣。塚口砦を守る。
天正七	一五七九	氏郷、引き続き塚口砦を守る。 3月17日、蒲生定秀死去。
天正八	一五八〇	賢秀、信長の馬廻衆になり、安土に屋敷地を与えられる。
天正九	一五八一	9月3日、氏郷、甲賀口より伊賀へ侵攻。

元号	西暦	主な出来事
天正十	一五八二	３月、氏郷、甲斐武田攻めに参陣。 ５月、関盛信の勘気が解かれ、亀山城に戻る。 ６月２日、本能寺の変。 ６月３日、賢秀・氏郷親子、信長の妻子を日野谷へ避難させる。 ６〜９月、賢秀、氏郷に家督を譲る。 ６月27日、清洲会議で氏郷が、旧佐久間領の内１万石を与えられる。 12月29日、氏郷が日野城下に条規を定めるという。
天正十一	一五八三	１月、関家臣謀反。滝川一益に付き、亀山城に籠城。 ２月20日、氏郷ほか秀吉勢、滝川方の亀山城・峯城・国府城攻略。 ５月22日、秀吉、参議に昇進。 ８月22日、書状に「飛騨守賦秀」の署名。
天正十二	一五八四	３月11日、氏郷、亀山城の関氏救援に出陣。 ３月16日、氏郷ほか松ヶ島城攻囲。 ３月17日（４月10日）、蒲生賢秀死去（秘匿される）。 ３月29日、氏郷、田中砦に着陣。 ４月９日以降、竜泉寺に陣替。 ５月１日、羽柴勢、小牧から撤兵開始。 ６月、秀吉が日野町に掟を出す。 ９月、氏郷、松ヶ島周辺12万３１５５石の目録拝領。

元号	西暦	主な出来事
天正十三	一五八五	氏郷、3月までにキリシタンの洗礼を受ける。 3月、氏郷、紀州攻めに出陣。 8月氏郷、越中佐々攻めに兵３５００で出陣。 7月11日、秀吉、関白任官。 閏8月23日、氏郷、「賦綱」と改名、直後、「氏郷」と再度改名。 9月9日、朝廷、羽柴秀吉に豊臣姓を下賜。 11月29日、天正大地震。近畿・東海・北陸地方に甚大な被害。
天正十四	一五八六	1月7日、氏郷室、有馬湯山で湯治。 11月、氏郷、従四位下・侍従に叙任。この頃、羽柴姓を拝領か。
天正十五	一五八七	2月25日、氏郷、九州攻めに兵１７００で出陣。 4月1日、氏郷ら豊前岩石城を落とす。
天正十六	一五八八	4月、氏郷、正四位下・左近少将に叙任。 5月9日、後陽成天皇の聚楽第行幸に氏郷も供奉。 秋、氏郷は新城（松坂城）を築き、松ヶ島から四五百森に移るという。
天正十八	一五九〇	2月7日、氏郷、小田原攻めに出陣。 3月29日、氏郷、伊豆韮山城攻囲開始。 4月8日、氏郷、小田原城攻囲の為、朝ヶ坂に布陣。 7月5日、小田原城落城。 8月9日、秀吉、黒川着。奥州仕置で氏郷は会津（42万石）を拝領。 8月12日、秀吉、会津の検地を羽柴秀次、白川周辺を宇喜多秀家に命じる。

元号	西暦	主な出来事
天正十八	一五九〇	10月末、大崎・葛西一揆蜂起。 11月5日、氏郷出陣。 11月20日までに氏郷は名生城を占領し籠城。 11月24日、氏郷は上方へ「政宗別心あり」と報告。 11月26日、氏郷、上方へ「政宗別心なき」と訂正報告。
天正十九	一五九一	元旦、氏郷は名生城を出て、12日会津に帰国。 7月10日、氏郷、九戸へ出陣。 9月2日、九戸城の攻撃開始（4日落城）。落城後、氏郷が改修を指揮。 10月13日、氏郷、黒川帰城。奥州再仕置で73万4千石となる。 11月上洛、秀吉の勧めで義理の妹カ（於武）を南部利直に嫁がせる。
天正二十 文禄元	一五九二	4月、氏郷、会津に帰還。 6月、氏郷、築城に着手、黒川を若松と改め町割りを定めるという。 夏、氏郷、唐入（朝鮮出兵）のため肥前名護屋に着陣。
文禄二	一五九三	9月、秀吉の勧めで息女を前田利政に嫁がせる。 10月7日、氏郷、禁中能で演能し好評を得る。
文禄三	一五九四	2月25日、氏郷、秀吉の吉野の花見同行。 4月3日、氏郷、秀吉の命で領内検地、92万石となる。 4月14日、氏郷、京伏見邸に秀吉を迎える。
文禄四	一五九五	2月7日、氏郷死去。 7月13日、鶴千代会津入城。

史料

1 『経尋記』大永二年（一五二二）七月二十九日条（国立公文書館所蔵文書）

　廿九日、

（中略）

一、去る廿日、江州蒲生の智甘《（閑）》城に六角《（定頼）》押し寄す、弐万騎ばかりと云々、然りといえども、石礫を打ち出だし、八百人ばかり寄せ手生涯《（害）》すと云々、諸国忩劇の因縁か、珍事なり、

（後略）

2 『経尋記』三月十八日条（大日本史料九―一九）

十八日、

一、（中略）江州蒲生太郎《（秀紀）》、去年七月より立て籠もる、ついに当月八日に六角《（定頼）》と甲散《（降参）》しおわんぬ、但し三年牢籠すべき通りと云々、明城の間、六角もこれを惜しむといえども、惣国に城郭停止すべきの間、すなわち十日よりこれを破ると云々、来る廿八日に六角帰陳《（陣）》すべしと云々、したがって今五年といえども兵糧・水・木窮め尽くすべからざる銘城なり、然りといえどもこの正月に病死七十人に及ぶ、惣相五百人ばかりのうち、四十人病にならざるものこれありと云々、周尾の城といえども、夏衣裳にて旧冬の寒天に堪忍せしむるのゆえ、悉くもって病を起こせしむと云々、（後略）

3 『紹巴富士見道記』（群書類従）

（前略）廿一日、（中略）観道坊の墓所に詣りて、日野に着きぬ、蒲生兵衛大夫殿（賢秀）、智閑（蒲生貞秀）宗祇へ伝受古今伝授の箱などの事を語りて、興行あるべきなれば、

　めぐりりあひぬ種まき置きし花盛

嫡男鶴千代殿、深夜まで御長座ありて、酌とり酌とりうたい給えり。翌朝宗祇仁聖（正）寺といふ所にて。

（後略）

4　五月十五日付「蒲生親子宛織田信長朱印状」（個人蔵文書）

領中方目録

一、千石　　吉田分
一、四百石　　赤佐分
一、八百石　　安部井分
一、五百石　　河井分
一、参百石　　大塚分
一、弐百石　　横山分
一、弐百五拾石　　栖雲分
一、参拾石　　梅若大夫分
一、参拾石　　交山分
一、弐千石　　小倉（実隆）越前分
　　　　同右近大夫分
已上五千五百五拾石

この外
一、市原四郷一職に加う、
右宛て行うところなり、まったく領知相違あるべからざるの状くだんのごとし、
元亀元
五月十五日　（織田）信長（朱印）
蒲生左兵衛大夫（賢秀）殿へ
同忠三郎（氏郷）殿へ

※「市原四郷一職に加う」の「一職《いっしき》」については、天正元年（一五七三）九月に、信長が羽柴秀吉に対し浅井氏の遺領を与えられた際に「江北浅井跡一職進退に（『信長公記』）」とあることで知られる文言である。
これについて谷口克広氏は『信長軍の司令官』で、脇田修氏の論考をもとに「一職所有」と「一職支配」の違いなどについて述べている。それによると、中世の荘園制のもとで、一つの土地の中で重層的かつ複雑に絡み合っていた「職（権益）」を整理したものが「一職」と解説している。そして、こうした「職」を一人で合わせ持つのが「一職所有」である一方、「一職支配」とは、地域的な錯綜を整理する形の、国あるいは郡単位に地域的完結性を持った支配権のことを指すとしている。これによれば、「市原四郷一職」は、あくまで市原郷という限定的な「一職所有」であると考えられる。そのことは、近江における信長による権益の整理が元亀年間に見られることも示しており、賢秀・氏郷親子あてに出されていることからも、重要な一文であると言えよう。

5・「奥州奥郡仕置道行之次第」『上杉家文書』（山形県史）

（前略）

一、右之普請申付候内ニ、郡分・知行替以下之仕置可相究候、会津江近郡者、会津へ可相付、葛西・大崎江近き郡ハ、伊達かたへ可相付事」

（後略）

6 「法度条々」（福島県立博物館所蔵文書）

法度条々

一、備え〳〵の者ども他の備え一切に交じるべからざる也事、
一、武者押の間に道通の家へ一切入るまじき事、
一、用所申し付けざるもの上下によらず、わき道すべからざる事、
一、宿とり遣わすまじき事、付けたり、宿奉行次第に請け取るべき事、
一、武者押の間に馬上下々鑓持等に至る迄高声・高雑談すべからざる事、
一、鳥類・畜類走り出という共、高声をし、一切に追い回すべからざる事、
一、武者押の間に高笑い上下共すべからざる事、
一、喧嘩口論仕らば、双方理非に立ち入らず成敗たるべき事、
一、組々をはずし、思い〳〵に陣取り候事曲事たるべきの事、
一、野陣においては、一夜陣たりという共柵をふるべき事、
一、武者押の早さ太鼓次第たるべし、止め太鼓をよく聞き候て、田の中・川の中・橋の上たりという共ふみとまるべき事、
一、先手いずれの備手に相というとも、勝ち負けによらず、無下知以前に助け候事曲事たるべきの事、
一、城攻め合戦、足軽等に至る迄、下知申し付けざる以前、武篇を取り繕い候わば、堅く申し付くべ

き事、
一、馬とりはなし候もの曲事たるべき事、
一、火を出すもの成敗すべし、捕らえはずし候わば、下手人を引くべき事、付けたり、陣払いすべからざる事、
一、羽織猩々緋の外はさしものさし候わぬもの曲事たるべし、付けたり、鑓印一手〳〵思い〳〵の事、
一、まえ立物同じごとくそろえらるべき事、
已上

七月十三日　（花押（氏郷））

蒲生源左衛門尉殿

7 天正十一年二月二十八日付「羽柴秀吉書状写」『近藤文書』（豊臣秀吉文書集）

為在陣見廻示越、殊鞦三口到来候、令祝着候
一、此表峯・亀山・国府三城一度ニ取巻候、然上国府種々令詫言候間助命、去廿日ニ城此方へ請取候事、
一、亀山惣町事ハ勿論、端城まて悉令放火、塀一重ニ責詰、かねほりを入、東西之矢倉数多堀崩、塀をも日夜ニ五間十間宛是又ほりつくし候事
一、峯城、小一郎始、筒井・長谷藤五・蒲忠三、其外江州衆数万騎にて、しまり丈夫ニさせ塀をもうめさせ候、是以落居不可有程候事、
一、今日廿八日殿（織田信雄）様此表被成御出張事
一、去十六日ニ桑名拘、其外谷山、峯不残令放火候処ニ、桑名ニ瀧川雖在之、殊一人も不出事
（後略）

8　天正十二年三月十二日付「羽柴秀吉書状」（亀山市歴史博物館蔵）

「御状令被見候、其城へ取懸候処、堅固ニ相踏、無異儀候由尤候、当城在之とハ失念候つる、蒲飛初而各人数差越申候条、其元才覚肝要候、猶以可被入御精事専一候、恐々謹言
（後略）」

9　『氏郷記』

（前略）
氏郷朝臣在京ナリシカハ馬験ヲ改メラル本ハ熊ノ棒トテ棒ノ鞘に熊ノ皮ヲ巻付タル物ナリ然ニ佐々陸奥守カ馬験ニ仕度候イカ、御座候ハント秀吉公へ申上ラレケレハ余人ハ知ス御辺ハ佐々カ馬験ヲ持セラモ不吉ト宣ヒシカハ其ヨリ菅笠三階ニセラレケリ是ハ佐々ト云武道長人ノ馬験ナレハ人々憚テ持セサリシトナリ氏郷是ヲ面白トヤ思ハレケン
（後略）

10　天正十八年十一月九日『浅六右あて氏郷書状』『伊達家文書』（仙台市博物館蔵）

（袖追而書）返々、相待候様ニと」承候へとも、早榊」原其外少々関」東衆下向之由候、」
（行間追而書）左様候へハ、其衆下被」候まて不相働之内ニ居」申候なと候申候てハ、」おとこも不成候ま、、」さそく令出馬候、以上（後略）

11　『文政十一年御室蔵御具足御陣御道具御判帳』（もりおか歴史文化館所蔵文書）

一、鯰尾惣黒塗御冑　　壱頭

眉庇しわ形有御裏共に黒塗鉢付の鋲金減金二重座菊割御靼五枚下り直頭黒塗素掛十七通紺糸威御錣裏黒塗御請裏柿麻廻指縁黒革根緒三所黒革御忍緒浅黄麻糸弐ツくり、右御冑ふすへ革（燻革）袋入黒塗御冑箱ニ入右御冑利直公江蒲生氏郷公より被進之

12
「仁正寺由緒記」（『近江日野町志』巻上）

「（前略）中野ト云ルハ地蔵ノ辻ヨリ東ハ百姓家居、西ハ大宮ノ邊一両輩也。仍テ此間空地成故中野ト云フ。（後略）」

13
「仁正寺由緒記」（『近江日野町志』巻上）

領主蒲生下野守様當地中野ニ御城地見立縄張リ在。城内竪八町横六町、（中略）御城筑《(築)》、大手口御屋形ハ石垣、丸ノ内坍《(塀)》、矢倉掻上ケ城也。惣堀リ廣サ五間、深サ一丈。土手數《(幅カ)》五間、高サ一丈。（後略）

14
応永三十三年六月七日付「日吉大宮神人小幡住民等目安案」（『今堀日吉神社文書』）

「伊勢国の沙汰用途、無沙汰によらば、鈴鹿山に立たざるなり（中略）日野市に立たざる事は、保内川より南たるにより罷り立たず候なり、これは堺を守り先規をただすゆえなり、」

15
四月二十九日付「西郡右京亮書状案」（今堀日吉神社文書）

「日野市において、保内の商人と横関の商人と争論の事、先規に任せ、支証にしたがい、御成敗候わば、大慶たるべく候、彼等御服の商人事候間、案内を啓せしめ候、恐々謹言、

西郡右京亮

卯月廿九にち　判

日野政所殿
御宿所」

16

「掟」（『馬見岡綿向神社所蔵文書』）

掟
江州日野町中
一喧嘩口論乱暴狼藉停止之事
一諸役免除之事
一町人之儀者如前之可居住自然
他所江令退散者可為曲事但
松賀島江於相越者不及沙汰事
（後略）

17

「蒲生飛驒守殿當町江御免御證文之寫」（『馬見岡綿向神社所蔵文書』）

定條々
一當町爲樂賣樂買上者諸座諸役一切不可有之事
一諸商人並往還旅人之輩馬之付下於當町可相留之附寄宿之儀可爲荷主次第事
一土山甲津畑南北之海道一切相留之當町江可通萬一直通者有之者可申付事
一押賣押買宿之押借以下國質一切令停止事
一當町江出候者最寄者雖如何樣之出入有之理不盡之催促沙汰不可有之但居住
以後者依申樣之躰子細可糺明事

一火事於付火者家主不可有其科至自火者依時之體可有軽重事
一盗物賣買之儀買主不知者不可有其科但盗人於引付者以本銭可買返事
一喧嘩口論曲事之儀於歴然者可爲其身一人罪科借家其科不可懸之借家之者
雖爲咎人家主不可有其科事
一領中在々所々呉服物堅く令停止畢於無承引輩者荷物等擱取事
一當町地子加地子共不可在之事
一雖當町江出候従先規公事役者可有之町江作分役儀者不可申付但爲其主
之用所等申付之儀可爲如先之事
一天下一同之雖爲徳政於當町者不可有破棄之事
右堅相定上者不可有異儀萬一違犯之輩在之者可處厳科者也仍如件
天正十年十二月廿九日　　忠三郎判
右者蒲生氏郷公日野町御取立被成如此御制札御立
被成候日野三町と申者村井町大窪町松尾町是ヲ
三町と申候
元禄八年亥八月十四日写之
社采女紀重信

18

「安土山下町中定書」（近江八幡市立資料館所蔵文書）

定　　安土山下町中

一、当所中為楽市被仰付之上者、」諸座・諸役・諸公事等、悉免許事
一、往還之商人、上海道相留之、上下共」至当町可寄宿、但於荷物以下之」付下着、荷主次第事、」

一、普請免除事、(但、御陣・御在京等御留守難去時者、可致合力事)
一、伝馬免許事、」
一、火事之儀、於付火者、其亭主不可懸」科、至自火者遂糺明、其身可追放、」但依事之体可有軽重事
一、咎人之儀、借家井雖為同家、亭主不知」其子細、不及口入者、亭主不可有其科、」至犯過之輩者、
遂糺明可処罪過事、」
一、諸色買物之儀、縦雖為盗物、買主不」知之者、不可有罪科、次彼盗賊人於引」付者、任古法贓物
可返付之事、」
一、分国中徳政雖行之、当所中免除事、」
一、他国井他所之族、罷越当所仁有付候者、従」先々居住之者同前、雖為誰々家来、不可有」異儀、若
号給人、臨時課役停止事、」
一、喧嘩・口論井国質・所質・押員・押」売・宿之押借以下一切停止事、」
一、至町中譴責使・同打人等之儀、福富」平左衛門尉・木村次郎左衛門尉両人仁相留之、以」糺明之
上可申付事、」
一、於町並居住之輩者、雖為奉公人井諸」職人、家並役免除事、付、被仰付、以御扶持居住之輩、并
被召仕諸職人等、各別事
一、博労之儀、国中馬売買、悉於当所」可仕之事、」
右條々、若有違背之族者、速可」被處厳科者也、」
天正五年六月日　　朱印

19 『多聞院日記』元亀元年三月二十日条

(前略)今度今道、北、ワラ坂、南、此二道ヲトメテ、信長ノ内森山左衛門城用害、此フモトニ新路ヲコシラヘ、是ヘ上下ヲトヲス、(後略)

20

「蒲生飛騨守氏郷町中掟之事」(『松坂権興雑集』)

一、当町之儀為十楽之上者、諸座・諸役可為免除、但し油之儀各別之事
一、押売・押買・宿々押借り令停止訖、科人町江預ケ置候事不可申付、但し科之軽重至其時各別之事
一、喧嘩口論堅令停止訖、借家之者仕出し候とも、家主不可懸、其科往還之旅人下々之者たりとも可為壱人曲事
一、天下一同之徳政たりといふとも於当町者可在異儀事
一、殿町之内見世棚を出し商売之儀令停止事
一、しち物之札月日之限可為書付次第、幷鼠喰・ぬれ質・われ物・火事之義ハ置主損たるへし但、盗人に被取候事於歴然者、本銭を以一倍蔵方ゟ可弁之、うしなひ申質物ハ、本銭一倍蔵方より可弁之、右之うせもの後日ニ於出ハ、勿論蔵方江可取、あけこしも一倍にて可弁之、札之書違在之ハ、其違程蔵方より可出之、但其日はや過るにおゐてハ、違乱可相止事
一、盗物之儀不知其旨趣、如何様之物買取といふとも、買主不存之ハ其科在へからす、万一彼盗人於引付ハ、右之本銭可返付事
一、町中江理不尽之さいそく令停止訖、但奉行江相理り、以紀明之上催促ニ可入事
一、当町之内奉公人之宿令停止訖、但五月十日之間各別之事
一、於松ヶ島百姓之外町人相残リ居住之儀、一切令停止事
一、火事之儀、於付火ハ亭主ニ不可懸其科、至自火ハ其身壱人可追放、但依時之体可在軽重事

一、於町中誰によらす刀をぬき猥之輩有之ハ、不及理非町人として取籠可住進（注）、普請之事免除訖、但
町中之儀可申付事
右之旨、町人江可申聞者也
天正十六年十一月晦日　　羽柴飛驒守　在判
町野主水佐殿
北川平左衛門殿
外池甚五左衛門殿

21

定（『近江日野町志』巻上）

一、廓内町割左の如く相定め候事
一、廓内の大通は東西三里、南北二里の十字街となすべき事
一、便宜次第小路々々を設くる事
一、廓の四方は濠を深くし、塁を高くし、要所々々には城戸を建て丶警固の武士を置く事
一、売買諸商人並に諸職人は町々を分ちて棟を列ね、侍屋敷と混雑すべからざる事
一、町外に宿を列ねて遊女屋を置く事
一、魚塩交易の利を通ずるため左の日町割によりて市場を開くべき事
正月十日年始の市　大町
一八の日　馬場町
二七の日　本郷町

三々の日　　　　三日町
四九の日　　　　桂林寺町
五十の日　　　　大町
六々の日　　　　六日町
右の如く終年一日も間断あるべからざる事
文禄元年六月朔日

22
「正月廿九日付慶忠宛自筆消息写」（『定本千利休書簡』）
（尚々書省略）子持かたへ懸ニ色々給候由申候悉存候しかれハ忠もしさまより（後略）

23
日付欠「芝監宛自筆消息」（『定本千利休書簡』）
「従筑州様勺御請取候て可然候町野殿折紙も請取申候就中忠もしさま（後略）

24
（天正十五年）十九日付「両三人宛自筆消息」（『定本千利休書簡』）
此暁三人御出きとくにて候とかく思案候ニ色々申被下候ても不調候我等物を切々大黒を紹安にとらせ可申候はや舟をハ松賀嶋殿へ参度候又々とかく越中サマ御心へ分候ハてハいやにて候此理を古織と御談合候て今日中に御済あるへく候明日松殿ハ下向にて候何にとも早舟さうさなく候是もむつかしく候越中殿へも心へ候て右如申候はや舟をは飛もし参候大くろを紹安に可被遣候事乍迷惑其分にすまし可申候巳上かしく

25
『千利休由緒書』（『千少庵と蒲生氏郷』）

26

「利休御成敗已後、嫡子道庵ハ飛騨へ立除、金森中務法印ヲ頼、かくれ罷有候、二男少庵ハ蒲生氏郷へ御あずけ、奥州へ流罪ニて候」

『駒井日記』「文禄二年十月六日条」（『増補　駒井日記』）

一、二日之朝者家康江御茶湯之由、同晩弾正所江　御成、夜半迄御能之由

一井筒　　御能
二大ゑ井　〃
三誓願寺　忠三（蒲生氏郷）
四籠太鼓　常真（織田信雄）
五野々宮　家康
六源氏供養　与一
十月七日申刻御着座

27

『蒲生旧趾考』

（前略）鉄砲ハ天文十二年始テ此地ニ造ル是ヲ鉄砲町ト云其後上ノ鍛冶町ト云　鍛冶町ヲ下ノ鍛冶町云（後略）

28

『和田家文書』（近江日野商人館保管）

抑日野町鉄炮之由来之足利将軍之御代永禄三年春之頃南蛮国ゟ長子呂ト云者多祢ケ嶋《たねがしま》ニ渡リ夫より洛中ニ入リ将軍家ニ見へ鉄炮献上之跡右鉄炮之術ヲ委く伝ふ即将軍家ゟ当国佐兵衛江被預此時彼長子呂ヲ江南日野江置知行百貫之地を給ひ江州国中之鍛冶屋集め鉄炮多く令造是日野鉄炮之始り也夫より秀

吉公之御代ニ茂鉄炮御用相勤（後略）

29 「元文三年日野大窪町村明細帳」（『中井源左衛門家文書』）

（前略）鉄炮師之義、由緒与申義者無御座候、（後略）

30 月岡雪鼎画　日野菜図賛（『近江日野町志』）

（前略）伝いふ往昔蒲生氏郷江州日野の城より奥の会津に移り其後伊予の松山にうつる此三所に蕪菘（蕪の古名）を生して蒲生蕪またひの菘と呼て名産と種をとり他境に植るといえとも変して尋常の蕪となると（後略）

主な参考文献

論文・書籍

会津若松市『会津若松市史』4　城下町の誕生　一九九九
天野文雄『能に憑かれた権力者』講談社　一九九七
奥野高広『増訂　織田信長文書の研究』上巻　吉川弘文館　二〇〇七
奥野高広『増訂　織田信長文書の研究』下巻　吉川弘文館　二〇〇七
奥野高広・岩沢愿彦＝校注『信長公記』角川書店　一九六九
柏本雄幸「千利休書簡における人物呼称—利休書簡の個性について—」広島女学院大学　一九九二
亀山市『亀山市史』美術工芸編　二〇一一
川崎桃太『フロイスの見た戦国日本』中央公論新社　二〇〇三
経済雑誌社 編『国史大系』第一〇巻　公卿補任中編　経済雑誌社　一八九七
駒井重勝著　藤田恒春編校訂『増補　駒井日記』文献出版　一九九二
近藤瓶城編『改定　史籍集覧』第十四冊　別記類　第3「氏郷記」「蒲生氏郷記」「蒲生飛騨守氏郷書状之写」「会津陣物語」臨川書店　一九八四
小林清治『奥羽仕置と豊臣政権』吉川弘文館　二〇〇三
寒川旭『地震の日本史』中央新書　二〇〇七
滋賀県日野町『ふるさと日野の歴史』二〇一六
滋賀県日野町教育会編『近江日野町志』臨川書店　一九三〇
鈴鹿の国方言研究会『鈴鹿郡における昆虫等の昔の呼び名　Ⅱ』二〇一五
高橋富雄『蒲生氏郷のすべて』新人物往来社　一九八八

谷口克広『信長軍の司令官』中公新書　二〇〇五
東京大学史料編纂所 編『大日本古文書　家わけ第二　浅野家文書』東京大学出版会　一九六八
東京大学史料編纂所 編『大日本古文書　家わけ第三　伊達家文書』東京大学出版会　一九六九
長久手町史編さん委員会『長久手町史』本文篇　二〇〇三
名古屋市博物館編『豊臣秀吉文書集』二　吉川弘文館　二〇一六
名古屋市博物館編『豊臣秀吉文書集』三　吉川弘文館　二〇一七
名古屋市博物館編『豊臣秀吉文書集』四　吉川弘文館　二〇一八
名古屋市博物館編『豊臣秀吉文書集』五吉川弘文館　二〇一九
名古屋市博物館編『豊臣秀吉文書集』六　吉川弘文館　二〇二〇
塙保己一編『群書類従　第拾八輯（日記部・紀行部）』「蒲生氏郷紀行」「紹巴富士見道記」続群書類従完成会　一九三九
坂東定矩『歴史人物　お脈拝見』ぎょうせい　一九九一
日野町史編さん委員会『近江日野の歴史』第二巻　中世編　二〇〇九
日野町史編さん委員会『近江日野の歴史』第三巻　近世編　二〇一三
日野町史編さん委員会『近江日野の歴史』第五巻　文化財編　二〇〇七
日野町史編さん委員会『近江日野の歴史』第六巻　民俗編　二〇〇八
福島県立博物館編『氏郷とその時代—蒲生氏郷基礎資料集成』二〇〇二
藤井譲治編『織豊期主要人物居所集成』思文閣出版　二〇一六
藤田達生『蒲生氏郷』ミネルヴァ書房　二〇一二
藤谷一海編著『滋賀県方言調査』教育出版センター　一九七五
松下浩『織田信長　その虚像と実像』サンライズ出版　二〇一四
三重県編『三重県史』通史編　中世　二〇二〇

三重県編『三重県史』中世2（県内文書）二〇〇五
三重県編『三重県史』中世3（上）（県外文書）二〇一七
三重県編『三重県史』中世3（中・下）（県外文書）二〇一八
三重県編『三重県史』別編　民俗　二〇一二
宮武正登「文禄・慶長の役（壬辰・丁酉倭乱）における大名陣跡の諸形態（2）」『研究紀要』第4集　佐賀県立名護屋城博物館　一九九八
安田次郎『寺社と芸能の中世』山川出版社　二〇〇九

図録

安土城考古博物館『織田信長文書の世界』二〇〇七
安土城考古博物館『蒲生氏郷』二〇〇五
安土城考古博物館『城下町の黎明　信長の城と町』一九九七
茶道資料館『千少庵』二〇一三
福島県立博物館『少庵と蒲生氏郷』二〇一〇
前田土佐守家資料館『前田土佐守家資料館ガイドブック』二〇一二

■写真提供一覧

頁数のみを記しているものは、その頁の全点。
下記以外の写真は著者撮影。

麻生観光協会・歴史観光ガイドの会　p102

大阪城天守閣　p62

添田町　p57

二戸市埋蔵文化財センター　p80

日野町教育委員会　p11, p13, p16-18, p24, p30, p39, p50, p66, p76, p78, p88, p90, p99, p105, p108, p113, p120, p124-125, p127, p129, p135下, p137, p141上, p154, p165

吉浪壽晃　p150

■著者略歴

振角　卓哉（ふりかど　たくや）

1969年広島県福山市生まれ。1992年追手門学院大学文学部心理学科卒業。滋賀県日野町教育委員会嘱託、兵庫県夢前町教育委員会嘱託を経て、現在、滋賀県日野町教育委員会生涯学習課歴史文化財担当専門員。城郭談話会員。三重県無形文化財「亀山藩御流儀心形刀流武芸形」保存赤心会員。
主な著作は、「仁正寺藩陣屋」（中井均編『近江の陣屋を訪ねて』、サンライズ出版、2021年）、「佐久良城、鳥居平城、音羽城、鎌掛城・山屋敷」（中井均編『近江の山城を歩く』、サンライズ出版、2019年）、「鎌掛城」（城郭談話会編『図解　近畿の城郭Ⅴ』、戎光祥出版、2018年）、「九居瀬城、和南城」（城郭談話会編『図解　近畿の城郭Ⅳ』、戎光祥出版、2017年）など。

蒲生氏郷伝説　淡海《おうみ》文庫68

2021年６月30日　第１刷発行　N.D.C.210

編　者　振角　卓哉

発行者　岩根　順子

発行所　サンライズ出版株式会社
〒522-0004 滋賀県彦根市鳥居本町655-1
電話 0749-22-0627　FAX 0749-23-7720

印刷・製本　サンライズ出版株式会社

ISBN978-4-88325-200-8 C0321　Printed in Japan
定価はカバーに表示しています。乱丁・落丁本はお取り替えいたします。

淡海《おうみ》文庫について

「近江《おうみ》」とは大和の都に近い大きな淡水の海という意味の「近淡海《ちかつあふみ》」から転化したもので、その名称は『古事記』にみられます。今、私たちの住むこの土地の文化を語るとき、「近江」でなく、「淡海《おうみ》」の文化を考えようとする機運があります。

これは、まさに滋賀の熱きメッセージを自分の言葉で語りかけようとするものであると思います。

豊かな自然の中での生活、先人たちが築いてきた質の高い伝統や文化を、今の時代に生きるわたしたちの言葉で語り、新しい価値を生み出し、次の世代へ引き継いでいくことを目指し、感動を形に、そして、さらに新たな感動を創りだしていくことを目的として「淡海文庫」の刊行を企画しました。

自然の恵みに感謝し、築き上げられてきた歴史や伝統文化をみつめつつ、今日の湖国を考え、新しい明日の文化を創るための展開が生まれることを願って一冊一冊を丹念に編んでいきたいと思います。

一九九四年四月一日